薄利多売から抜け出す思考・行動様式

厚利少売

経営アドバイザー
菅原 健一

匠書房

本当は、もっと高く売れる。

お客さんが「なにを求めているのか」がわからない。
低価格競争に巻き込まれ、利益率が低い。
コスト削減以外にやるべきことが見つからない。
高い価格で売れる気がしない。
価格提案に自信がない。
1回高く売れたけど、リピーターにならない。

こんな悩みはありませんか？

薄利多売をせざるを得ず、
時間を切り売りして長時間労働を続ける――。
正直、つらいですよね。

これだけモノやサービスがあふれている時代。
お客さんは、普通のものには満ち足りています。おなかいっぱいです。
それなのに大量につくり続けても、コストや廃棄物が増えていくだけ。

「たくさんつくって安く売る」という薄利多売はやめて、
「少なくつくって高く売る」という厚利《こうり》少売《しょうばい》に切り替えるタイミングです。

自分も、お客さんも、社会も、豊かになれる、
商売の「基本」にして「奥義」――それが厚利少売です。

この本では、企業・個人、業界・業種に関係なく使える
「厚利少売」をわかりやすくお伝えします。

「おわりに」まで読み終えたあと、またこのページに戻ってきてください。
冒頭の悩みは、すべてなくなっているはずですから。

はじめに

突然ですが、質問です。

次のページにある12の項目のうち、いくつチェックが付きますか？

経営者や個人事業主なら自身のビジネスを、
会社員の人なら勤め先のビジネスをイメージしながら考えてみてください。

1分以内に、何個になるか数えてみましょう。

いくつチェックが付く？
１分以内に数えてみよう！

- □ 価格を下げて競合他社に勝とうとしている
- □ 利益よりも、まずは売上を優先しがちだ
- □ 自分の製品はどんな人にも買ってほしい
- □ 売っても売ってもまた仕入れたり広告を出したりで、利益が残らない
- □ 「お客さんの数は多ければ多いほどいい」と考えている
- □ お客さんに感謝されることが少ない
- □ 製品やサービスを幅広く提供していて、特定のターゲットに特化していない
- □ 大量の在庫を抱え、在庫管理に頭を悩ませている
- □ いろいろな企業と価格競争をしている
- □ どんな人にも買ってほしいから、当たり障りない製品を作っている
- □ 常に新しい顧客を獲得しようとしている
- □ 集客を広告に依存している

あなたは、いくつ当てはまったでしょうか？

すべてチェックが付いた人もいるかと思います。少なくとも、1、2個はチェックが付いたという人が大半ではないでしょうか。

さて、このリストはなにを調べるものか？——勘の鋭い人なら気づいたかもしれません。

これは、あなたが**「薄利多売の思考になっているかどうか」**をチェックするものです。

あなたのビジネス、またはあなたが勤める会社の事業において、**どれか1つでも当てはまるのだとしたら、薄利多売のビジネスに陥っている可能性があります。**

「薄利多売」と聞くと、「安売り」「大量販売」「厳しい競争」「低い利益率」など、「できれば避けたい状況」をイメージするでしょう。

にもかかわらず、**僕たち日本人は、薄利多売をしがちです。**

意識して軌道修正しないと、知らず知らずのうちに薄利多売のビジネスを続けてしまうのです。

「薄利多売」と「厚利少売」の違い

この本の目的は、とてもシンプル。

「厚利少売」を実現する方法を、わかりやすく解説することです。

「厚利少売」はあまり使われていない言葉なので、「?」と思った人もいるかもしれません。

ビジネスは、大きく2つに分けることができます。

それが「薄利多売」と「厚利少売」です。

薄利多売と厚利少売の違い

薄利多売の人・企業		厚利少売の人・企業
多くの顧客を獲得するための 低価格	**価格**	高価値を感じる顧客に向けた 高価格
低い利益率で 多くの販売量	**利益率**	高い利益率で 少ない販売量
低い単価のため 高い原価率	**原価率**	高い単価のため 低い原価率
安さを求める広範囲の顧客 リピーターは少ない	**顧客**	高価値を求める少数の顧客 リピーターも多い
市場調査で大量生産を重視し コスト効率を追求した 製品開発	**製品開発**	顧客の声を重視した独自性と 高価値に焦点を当てた 製品開発
利益の残らない自転車操業	**経済成長**	高利益率による継続的な成長
競争の激しい市場で 差別化の少ない価格提案	**競争**	競争の少ない市場で 独自の価値提案
標準化された製品を提供	**製品差別化**	独自性・高価値の提供
広告に依存しており 常に集客が必要	**認知**	高い顧客満足度により 顧客がSNSや口コミを通じて 次の顧客に広げてくれる

「薄利多売」型のビジネスの特徴は、**「提供する価値に向き合わず、とにかくたくさん売って、ちょっと儲ける」**です。

たくさん売るためにたくさんつくる。

競争が激化した人気のカテゴリーに参入し、差別化できていない商品をなんとか売ろうとする。

しかし売れ残りが出てしまうので、どんどん値下げをしたり、広告にお金を使ったりしなければならない。

結果、たくさん売ったのにお金がほとんど残らない――。

カツカツの状態が続く「自転車操業」。**まさに「質」より「量」の考え方です。**

「薄利多売」をわかりやすく言うなら、**「常にセール品を売っている状況」**です。

毎年節分の時期になると、売れ残った恵方巻きが大量に安売りされていますよね。あの状態がずっと続くのが、「薄利多売」型のビジネスといえます。

「厚利少売」は、その逆です。**「提供する価値に徹底してこだわり、少なく売って、大きく儲ける」**が特徴です。

製品・サービスの価値を高めるとともに、その高い価値を提供するために、あえて供給数をしぼる。

すると、常に「買いたくても買えない人（あるいは、企業）」が出てくるので、行列ができたり、順番待ちになったりする。

口コミで自然と認知が広がっていくから、広告にお金がかからない。

結果、売る数は少なくても、たくさんの利益が残る――。

金銭的にも、精神的にも、体力的にも、余裕をもった状態でビジネスを継続できます。

まさに**「量」より「質」の考え方です。**

「厚利少売」をたとえるなら、**「高級ブティックで限定品を売るような状況」**です。

簡単に告知をするだけで、あっという間に拡散され、開店前から行列ができる。
買った人たちはＳＮＳで喜びの声を発信し、さらにブランディングが強化される。
そして利益がしっかり出る分、さらなるサービス・品質向上に投資できる。

いかがでしょうか？
この２つの比較を聞くと、「厚利少売をしたい！」と思いますよね。

でも、実際にはほとんどの人（企業）は「薄利多売」になっています。
それはなぜでしょうか？

「薄利多売」には２つのパターンがある

誰だって、薄利多売をめざしてビジネスを始めようとはしません。「少しでも高く売って、多くの利益を手にしたい」と、誰もが思っています。

なのに、**いつからか（その多くは自身でも気づかないうちに）、薄利多売になってしまっている**――この原因はなんなのでしょうか？


じつは、一口に「薄利多売」といっても、2つのパターンに分かれるのです。


1つは、**「とにかく儲けたくて始めちゃう」**パターン。

たとえば、「うちは上場をめざします」と息巻くベンチャー企業が、高い売上目標を立てて人をたくさん雇用する。ところがいざ拡大しようとしたら、思ったように売れない。「原因は認知されていないからだ！」と言って、どんどんプロモーションや採用にお金をかける。テレビCMを打ったり、さらに人を増やしたり……それでもダメなら値下げを始めて、どんどん利益率が下がっていき、最終的には固定費を払えなくなって規模縮小を余儀なくされてしまう――。

こんなイメージです。

もう1つは、「とにかくつくりたくて始めちゃう」パターン。これはクリエイターなど個人事業主に「あるある！」の現象です。

「私はこれがつくりたい！」「これは社会で価値のあることだ！」という想いが先走ってしまい、需要を調べないまま供給を始める。

売れない原因を「プロダクトの種類の少なさ」と安易に決めつけ、いろいろなものをつくりだす。

結果、売れ残り商品ばかりが増えていき、値下げをすることになる。あるいは、需要が増えるまで待とうとするものの、その間に資金的・体力的に厳しくなってしまう。

たとえば、新しくレザーバッグのブランドを立ち上げた人がいるとしましょう。けれども、思うように売れていかない。そこで「認知度を高めるためには、バッグ以外にもつくらなきゃ」と考え、財布やペンケースもつくる。結果、ブランドとしての特徴がより薄れていき、在庫も増えて値下げせざるを得なくなる。

薄利多売ビジネスの2パターン

とにかくつくりたくて
始めちゃう
需要不足

商品をとにかくつくりたいけど
いろんな種類がないと売れないと思うから
たくさん知ってもらう広告が必要で
たくさん値下げをしなくちゃいけないと思っている

とにかく儲けたくて
始めちゃう
供給過多

たくさん売上が必要だから
たくさん人を雇って
たくさん商品をつくって売るけど売れなくて
たくさん知ってもらう広告が必要で
たくさん値下げをしなくちゃいけないと思っている

こんなイメージです。

「とにかく儲けたくて始めちゃう」パターンと、「とにかくつくりたくて始めちゃう」パターン。

この2つに共通するのは、**「どんな人が、なにを、いくらで、どれくらいほしいのかを見極められていないこと」**。

つまり、**需要の見極めの甘さ**です。

「需要の見極め」は、厚利少売を実現するために欠かせない技術の1つ。

ここが不十分だと、供給が需要を上回ってしまい（いわば「恵方巻き状態」ですね）、薄利多売になってしまいます。

厚利少売を実現する3ステップ

では、どうすれば厚利少売を実現できるのか？　具体的なメソッド・考え方は本書を読み進めていただくとして、ここでは全体像を示したいと思います。

厚利少売を実現するには、次の３つのステップを回していきます。

第１ステップは、**「価格を上げる」**。

背伸びでもいいので、まずは単価を上げる。いくらまで上げるかは**「成功からの逆算」**で決めます（詳しくは第３章）。

第２ステップは、**「お客さんを減らす」**。

価格を上げれば、売る個数（サービスならユーザー数）が少なくても、目標とする利益を達成できます。

第3ステップは、**「高い価値を提供する」**。お客さんの数が減れば、その分リソース（コストや時間など）も減るので、利益が多く残ります。そのお金を、価値を感じてくれているお客さんのために使います。サービスや製品の品質向上はもちろん、サポートを充実させるのもいいでしょう。すると競合との差別化がより明確になります。つまり、**あなたのサービス・製品を選ぶ理由がより強固なものとなります。**

ここまでいったら、第1ステップの「価格を上げる」に戻ります。これをグルグル回していくのです。これこそが厚利少売の基本となる3ステップです。

〔　厚利少売を実現する3ステップ　〕

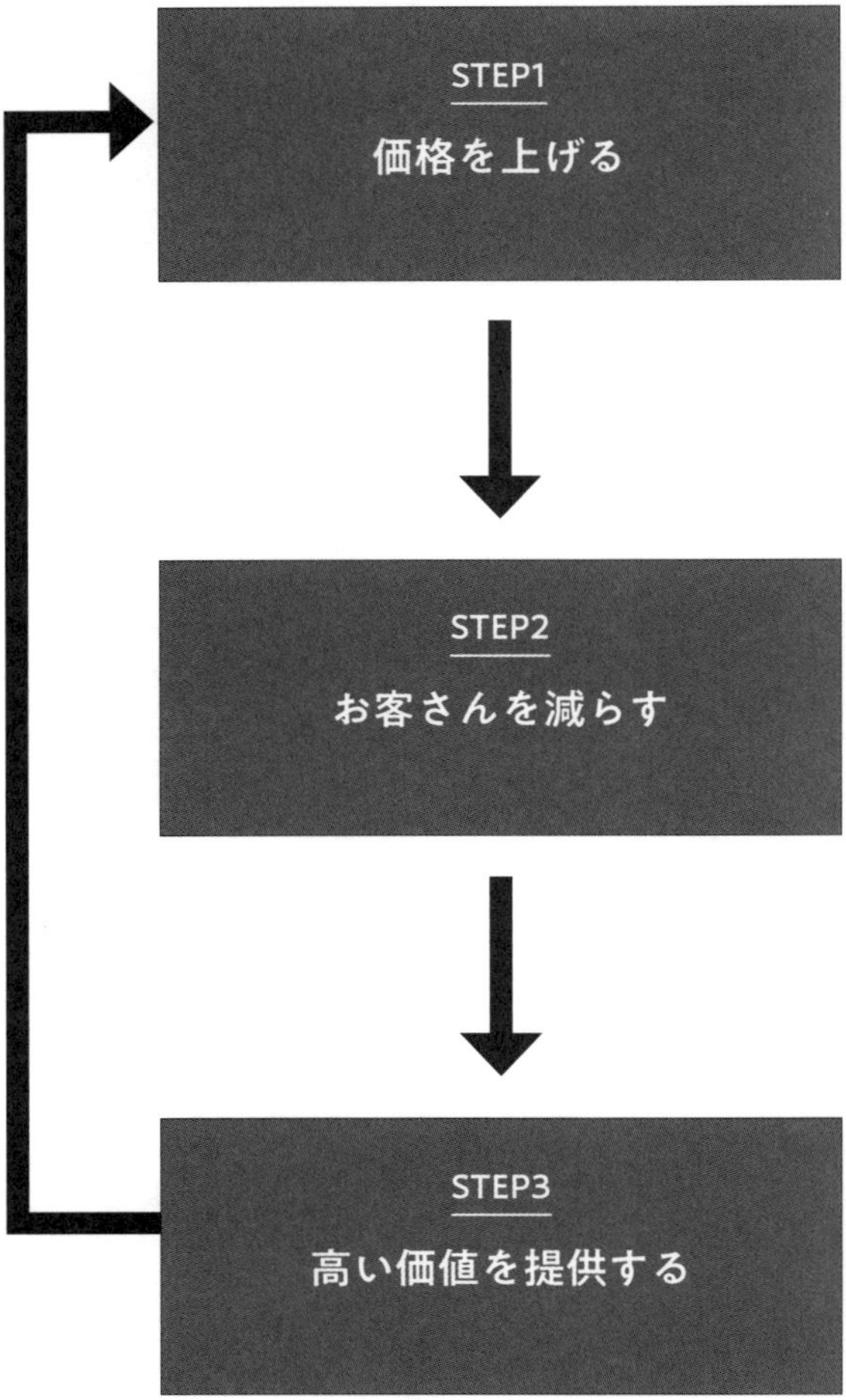

どんな業界でも、何歳であっても大丈夫

僕はこれまでSNSやイベントなどを通じて、数えきれないほどの方々から相談を受けてきました。

その経験から実感しているのは、**「厚利少売の実現をもっとも邪魔するのは思考（マインド）である」**ということです。

「やり方がわからない」という人よりも、「勇気がないです」「背中を押してください」という人のほうが圧倒的に多い。とりわけ、前述した「第2ステップ・お客さんを減らす」は、「お客さんの数が減る＝売上が減る」ことを意味するので、頭では利益のほうが大事だとわかっていても、「売上が多いことは正義」という考え方をなかなか捨てられません。

薄利多売から厚利少売に切り替えるときには、勇気が求められます。

これまで当然だと思っていた方法や考え方をほぼすべて否定して、ときには取り扱っているプロダクトを根本的に変えなければならないわけですから。

ただこれは、逆にとらえれば、**「本人の覚悟と行動さえあれば、厚利少売は誰でも実現できる」**ともいえます。

実際、僕はこれまでたくさんの経営者や個人事業主にアドバイスをして、厚利少売に導いてきました。

なにより薄利多売だった僕自身が、かれこれ20年間くらい、厚利少売を続けられています。

ここで自己紹介をさせてください。

僕は30代で取締役CMO（最高マーケティング責任者）として参画した企業を十数億円で売却し、そのまま経営を継続して3年で売上数百億円規模に成長させました。その後、株式会社Moonshotを創業し、現在に至るまで「企業の10倍成長」のための経営アドバイザーとして活動しています。

具体的にやっていることといえば、1社当たり週1時間の「壁打ち」です。経営者と一対一で向き合い、あれこれ話をして、「なぜうまくいかないのか？」「なぜ予定どおり成長していかないのか？」といった本質的な課題を見つけ出します。そこから一緒に解決策を考えたり、ときには大胆な提案をしたりすることもあります。

僕の時給は30万円です。「話を聞いてアドバイスするだけで30万円⁉」と驚かれたかもしれませんが、対価以上の本質価値を提供しているので、押し売りしているわけでも、騙して売っているわけでもありません（笑）。

こうした自己紹介をすると、「どうせ成功者だから、高く売れるんでしょ？」と思うかもしれません。だけど、僕はエリートでもなければ、才能やセンスに恵まれた人間でもないのです。

僕は母子家庭で育ち、10代の頃は根暗で引っ込み思案でした。写真を撮るときは顔を隠し、話すときはいつも赤面してしまうほど。人と関わることが本当に苦手でした。通っていた高専では不登校になりました。生きていくのが精一杯で、自分が社会貢献をしたり、仕事で活躍したりしている姿なんて、これっぽっちも描けませんでした。

高卒でエンジニアとして働くようになったあとも、毎日上司から怒られ、泣きながら働く日々。まさに薄利多売の働き方で、月の残業は３００時間を超えていました。２年間うつ病も経験し、人生のどん底を見た感じがしました。


そんな僕が、厚利少売を始めるきっかけを得たのは37歳のとき。

広告を販売するベンチャー企業のＣＭＯとして、年間売上１００億円という高い目標を掲げました。ですが、当時販売していた広告は「単価１００万円」。このままだと目標達成するのに1万件売らなければなりません。普通に考えたら達成不可能です。

そこで僕は、**単価を下げてたくさん売るのではなく、１０００倍（10億円）の新たな広告プランをつくり、少なく売ることを決めました。**その戦略は功を奏し、年間売上１００億円を達成することができたわけです（詳しいエピソードは１２０ページ）。

この経験から学んだのは、**どんな業界でも、何歳であっても、厚利少売は実現できるということ。**

誰だって、遅すぎることはないのです。

本書では、僕がマーケター、そして経営アドバイザーとして培い、実践し、アドバイスして成功してきた「厚利少売を実現する方法」を余すことなく紹介しています。

この本を読んで、そしてこの本に書かれているとおり実践すれば、いまみなさんが設定している価格の「10倍」で売れる製品・サービスをつくることも可能です。

それくらいの自信をもって本書を執筆しています。

「逆風の時代」をどう生き残るか？

日本は、すでに沈没しています。

たとえば、日本人の1人当たりGDPは、2000年にはG7（カナダ、フランス、ドイツ、イタリア、日本、イギリス、アメリカ）でトップでしたが、**2023年には最下位に転落しています。**次ページの図を見てもらえればわかるように、アメリカ、韓国、台湾と比較しても、**1人当たりGDPが増加していないのは日本だけ**です。

また2024年2月時点では、日本のGDPが、ドイツに抜かれ、世界4位に転落したことが話題となりました。

GDP（国内総生産）は、一定期間内に国内で生産された**モノやサービスの付加価値の合計額**のこと。付加価値とは、サービスや商品などを販売したときの価値から、**原材料や流通費用などを差し引いた価値**を指します。

G7諸国の１人あたりGDPの推移

	2000年		2023年	倍率
アメリカ	36,313	▶	80,035	2.20
カナダ	24,297	▶	52,722	2.17
フランス	23,212	▶	44,408	1.91
ドイツ	23,925	▶	51,384	2.15
イタリア	20,153	▶	36,812	1.83
イギリス	28,348	▶	46,371	1.64
日本	**39,173**	▶	**35,385**	**0.90**

出典：IMFのデータをもとに作成

つまり、ＧＤＰが増加していないということは、極めてシンプルにいえば、**新たに付加価値を追加できていない**ことを意味します。

「日本が成長できていないのは、価値を足せていないから」とも言い換えられるでしょう。

日本の人口は急激に減少しているので、このまま１人当たりのＧＤＰが増えなければ、ますます世界から経済的に後れをとることになります。

次に、平均年収に目を向けてみましょう。日本の平均年収は現在４４３万円で、過去30年間横ばいです。そして、こちらもＧ７で最下位です（次ページ図）。

にもかかわらず、**手取り収入は減少しています。**１９９７年（年収が一番高かった年）から２０２０年までを分析した結果によると、日本人の「実質手取り収入」は物価高も加味して、**平均で年84万円も減っている**そうです。同じ年収であっても、親世代と僕たちの世代では実態がまったく異なるわけです。そして今後も、物価や社会保険料は上がり続けるでしょう。

〔G7各国の平均賃金の推移〕

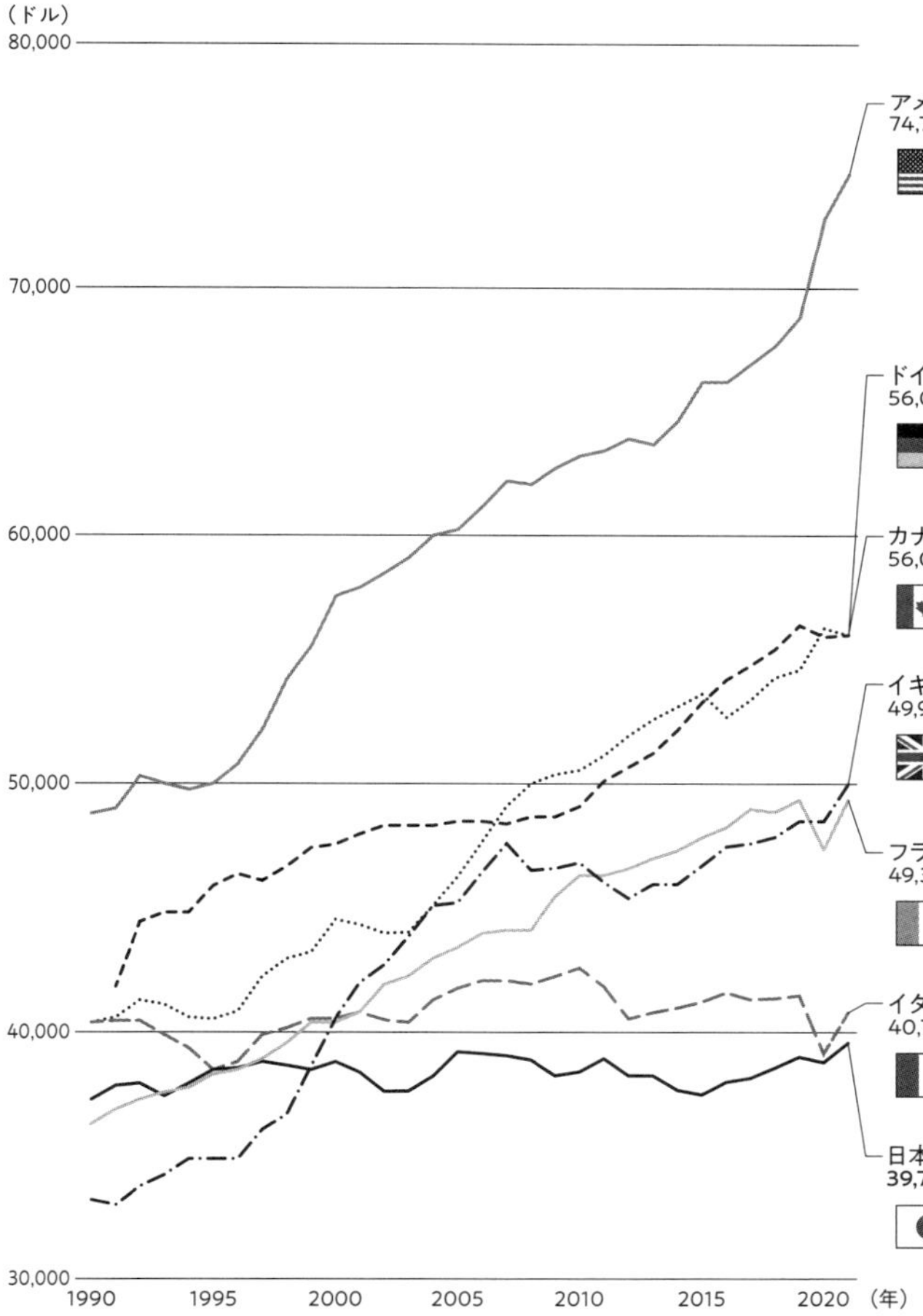

※ドル建て
出典：OECDのデータをもとに作成

さて、**こんな逆風の時代に、あなたならどう生き残るか？**

その答えが、本書のテーマである「**厚利少売**」です。

今後、これまでは普通に買えていたものが「高くて買えない」という時代がやってくるはず。でも、**高くて買えないなら、高く売ればいいのです。**

あくまで「買えない人と買える人の二極化が激しくなる」という話であり、すべての日本人が貧乏になるわけではありません。

あなたが取り扱う製品やサービスの価値を見直して高く売ることができたら、あなた自身も高く買えるようになります。これはフリーランスであれ、会社員であれ、事業責任者であれ、経営者であれ変わりません。

これまでのような薄利多売でも、最低限食べていくことはできるはずです。
でも、**「金銭的・時間的な自由を増やしたい」「持続可能な社会にしたい」と思うなら、厚利少売一択です。**ぜひ本書で紹介するノウハウや思考法をみなさんの人生、そして社会の豊かさにつなげてください。

では、前置きはこれくらいにして、そろそろ始めましょうか。
第1章から飛ばしていきますので、シートベルトを締めて読み進めてください！

この本を読んで得られる「価値」一覧

- お客さんから強く求められる存在になれる
- 自分が信じる方法で価値を提供できる
- 自信をもって価格を伝えられるようになる
- 改善点がわかってワクワクする
- 正しい価値決定の方法がわかる
- SNSで発信するときのポイントがわかる
- リピーターを増やす方法がわかる
- 新しいアイデアがどんどん思い浮かぶ
- 口コミが増える
- リピーターが増える・働く時間が短くなる
- 次にどんなアクションをすべきかがわかる
- 厚利少売を続けるための方法がわかる
- お客さん、そして自分の笑顔が増える

第3章 「成功」から逆算して価格を決める

第4章 価格の壁を乗り越える「需要」の見つけ方

第5章 需要を広げ、供給量を予測する「発信」の技法

第6章 厚利少売を実現する「アクションプラン」

第7章

厚利少売を実現したあとの「持続的な成長」

第1章

厚利少売で必要な「4つの基本原則」

1　提供する価値に責任をもつ

厚利少売をするためにまず知っておいてほしいこと。
それは、**「提供する価値に責任をもつ」**ということです。

ＩＴサービス、メディア、消費財、金融、コンサルティング、不動産、飲食、宿泊……あらゆるビジネスにおいて、なぜお客さんがお金を払うかというと、**「提供される商品やサービスに価値を感じるから」**です。

たとえば、高級品の代名詞であるエルメスやルイ・ヴィトンなどラグジュアリーブランドの場合、購入者は次のようなことに価値を見いだしているといえます。

①　自身が経済的に成功している、あるいは一定の社会的地位にいることを示せる
②　製品の品質や耐久性が高く、1つのアイテムを長く使える
③　限定品や特別なコレクションは、独自性や希少価値がある
④　ブランドの背景にある物語・歴史に共感している
⑤　デザインや芸術性が高く、アート作品としての魅力がある
⑥　購入価格よりも高く再販されることもある（＝投資対効果が大きい）
⑦　高級ブティックでの購入体験や専用のカスタマーサービスに満足感を得られる

いかがでしょうか。

こうやってラグジュアリーブランドが提供している価値を言語化すると、「高く売れるのも納得だな」と思わないでしょうか。

提供する価値が高ければ価格も上がり、その逆で、価値が低ければ価格も下がる。

小学生でもわかる商売の原則ですね。

では、ここでクイズです。**そもそも「価値」とはなんでしょうか？**

コスパ、実用性、社会性、権威性、芸術性、感情、体験……？

10秒、考えてみてください。

価値は「相手の変化量」

「価値とはなにか？」と聞かれたとき、僕は迷わずこう答えています。

価値＝相手の変化量。

「提供する価値に責任をもつ」に続き、こちらも厚利少売の基礎となる超重要な考え方です。

たとえば、前述のラグジュアリーブランドの例なら、7つの価値を挙げることができました。このとき、どうしても価値の「種類」に着目しがちですが、なにを重視するのかは人それぞれです。無理にマス（大多数）に合わせて価値を提供しようとすると、レッドオーシャン（競争が激化している市場）での値下げ勝負になり、薄利多売に陥ってしまいます。

一方、厚利少売では、価値の「種類」ではなく「変化量」に着目します。

「相手の変化量」が大きいプロダクトであれば、価格が高くても買ってくれる人は見つかります。

ここでいう「変化量」とは、

- 利益が2倍になった
- 採用応募者が100人増えた
- 昨対比で集客が50％増加した

など**定量的な変化**（数字で表せる変化）だけでなく、

- **社員や顧客との関係が良くなった**
- **家族の笑顔が増えた**
- **自社の強みを言語化できた**

など**定性的な変化**（数字で表せない変化）も含みます。

たとえあなたが提供する製品やサービスが無名であっても、相手に人生が変わるほどの変化を与えることができれば、その対価は大きくなります。

逆に、よくありがちなのが**「売って終わり現象」**です。なんとか言いくるめて買ってもらう。数字をとれたと安心する。売ったあとのお客さんのことは考えないし、なんなら考えたくない。相手の変化に目を向けない。「買ったほうの自己責任でしょ」とお客さんに責任を押しつける――。こういう企業や個人、かなり多いと思います。

目標を達成するために、目の前の数字を追ってしまう気持ちはよくわかります。

でも、「売れたら一安心」→「次のお客さんを見つける」のループを繰り返している限り、厚利少売は実現できません。

〔　変化量は2つに分けられる　〕

定量的な変化
（数字に表せる変化）

定性的な変化
（数字に表せない変化）

ここがブレると、厚利少売はできない

相手に「変化量」を感じてもらうには、提供するものに徹底的にシビアになるとともに、「変化を見届けるまでコミットする」という覚悟が必要です。

間違っても、相手に損をさせてはいけないのです。

お客さんは、変化を求めてお金を払っています。なのに、提供する側がなんの責任ももたず、お客さんの変化にコミットしなかったら、リスクをとるのはお客さんだけになります。「お金を払ってリスクを負う」というおかしな構造になってしまうわけです。

特に新しく事業を立ち上げる場合、「なにをやるか」「どうやって儲けるか」ばかり考えがちなので注意してください。

競合がいない領域を探す。既存事業や自身の強みとのシナジーを考える。リソース（人、資金、技術）の確保方法を検討する。集客方法を考える。

どれも大切なことですが、根本の部分で「質の高いプロダクトをつくり、絶対に価値を与える」という責任感をもたないまま進めてしまうと、リピーターは生まれず、新規顧客を獲得するために広告や営業などにコストをかけざるを得なくなり、薄利多売が進んでいきます。結果、「売って終わり現象」が起きて、薄利多売に一段と拍車がかかる……という負のループにはまってしまうわけです。

冒頭から厳しいことを言いましたが、「提供する価値に責任をもつ」ことは厚利少売の大原則なので、ぜひ心に刻んでほしいと思い、最初にお伝えしました。

2　供給量をしぼる

「少売」という言葉からもわかるように、厚利少売においては**「数が少ないこと」**が絶対のルールです。

供給量が増えると「誰でも買えるもの」となり、どんどん薄利多売の方向に進んでしまいます。

供給量を増やせる状況であっても、「あえてしぼる」。高く売るためには、この決断が必要です。

たとえば、飛行機のファーストクラス。

ＡＮＡのボーイング７７７だと、全２１２席中、ファーストクラスはたった8席のみ。

これだけ数をしぼるからこそ、プレミアム感が生まれるとともに細やかなサービス提供が可能であり、高額でも買ってくれるお客さんがいるわけです（ちなみに、エコノミークラスとファーストクラスの価格差は約10倍といわれています）。

数をしぼって価格を上げる。

この戦略でいけば、お客さんの数を追い求める必要がなくなります。

お客さんの数が少なくなれば、お客さんはより価値を実感できますし、こちら側としても、そのお客さんに徹底的に向き合って仕事ができます。

早稲田大学ビジネススクールの山田英夫教授は、著書『競争しない競争戦略』のなかで、**「限定量ニッチ」**という戦略を紹介しています。

限定量ニッチとは、供給量を意図的にしぼることでプレミアム感を出し、利益を確保する戦略のこと。

この戦略であれば、リーダー企業（業界内で最大の市場シェアを占めるトップ企業）

は規模の経済がきかず「割に合わない」と判断するため、小さな企業や個人でも勝算が生まれます。まさに厚利少売の根幹となる戦略といえるでしょう。

「限定量ニッチ」の代表例が、アメックス（アメリカン・エキスプレス）です。

アメックスは、日本では1980年に事業をスタート。このとき日本初となるゴールドカードを発行し、その後も一貫して高所得者層をターゲットにしています。

とはいえ、クレジットカードは同質化しやすい事業です。他社もゴールドカードを発行し、業界内での差別化はどんどん困難になっていきました。

そこでアメックスが採用した戦略が**「価格を上げて供給量をしぼる」**ことでした。

1993年、上級カードである「アメックスプラチナ（年会費16万5000円）」を、2003年にはブラックカードの「アメックスセンチュリオン」を発行。

「アメックスセンチュリオン」はアメックスからの完全招待制で、ブラックカードのなかでもずば抜けて取得難易度が高いといわれます。入会費や年会費、サービス内容などはすべて非公開です（他サイトには入会費55万円、年会費38万５０００円などと書かれていますが、真偽のほどはわかりません）。

アメックスは、**「メンバーシップ、それが特権」**をキャッチフレーズにしたマーケティングによって独自のブランドを構築。加えて、**どんな要求に対しても「最初からできないとは決して言わない」ことを基本**とし、「ピラミッドが買いたい」といった顧客の無理難題にも「ノーと言わないサービス」で対応するといわれています（これは前項「提供する価値に責任をもつ」に通じる部分ですね）。

こうした供給量をしぼる戦略は、個人においても同様に有効です。たとえば、「1日○組限定」「限定○個」というイメージです。

僕自身、経営アドバイザーとしてのクライアント数は「10社まで」にしています。10社を超えると、忙しくなりすぎてクライアントの事業成長に貢献できなくなる恐れがありますし、10社限定にすることで希少価値が上がるからです。

さて、ここで勘の鋭い読者のみなさんなら、こう疑問に思われたでしょう。

「供給量は、いくつまでしぼればいいの？」

この疑問に答えるためには、「需要を見極める方法」を理解しておく必要があります。

詳しくは第4章で解説するので、楽しみにしながら読み進めてください。

3　「売上脳」ではなく「利益脳」

薄利多売の人や企業が陥りがちな思考があります。
それが「**売上至上主義**」です。

「今年の売上目標10億円を達成しました！」「今月の副業売上は53万円です」など、とにかく売上で語られているケースが本当に多いです。

でも、はっきり言います。
売上でビジネスを語る人は、三流以下です。

なぜダメなのか。ここで再びクイズです。

Aさんと Bさん、経営破綻するリスクが高いのはどっち？理由もあわせて教えてください。

Aさん

売上３億円
利益1000万円

Bさん

売上1500万円
利益1000万円

AさんとBさんの売上は20倍も違うので、第一印象では「Aさんのほうがすごい」と感じるかもしれません。Aさんが「年商3億円の会社を経営」などとSNSでアピールしていれば、なおさら勘違いする人も多いと思います。

でも利益を見ると、AさんとBさんは同じ「1000万円」です。

利益は、簡単にいうと「売上－コスト」。つまり、AさんはBさんに比べてコストがかさんでいるといえます。以下は、考えられる理由です。

・競争相手が多い市場で勝負している
・独自性を打ち出せていない
・原材料の高騰などコスト上昇に対して価格を引き上げられていない
・生産過剰／在庫過多
・広告費、固定費ともに高い

反対にBさんは、次の状況だと考えられます。

- 競争相手が少ない市場で勝負している
- 独自性を打ち出せている
- 原材料の高騰などコスト上昇に対して価格を引き上げられている
- 生産極少・在庫なし
- 広告費なし、固定費は最小限

どちらが持続可能なビジネスかは一目瞭然ですよね。

Aさんのビジネスは、負のスパイラルに陥っています。

競合が多いカテゴリーに手を出すから価格競争を強いられる、積み上がった在庫を減らすために広告費を投入する、マイナス分を補填するために営業をさらに雇う……これではコストが増えていく一方で利益は残りません。不測の事態（巨大資本の企業や高付加価値の企業が参入する、テクノロジーに代替される、天災に見舞われるなど）が起こったら、あっという間に崩壊する可能性が高いです。

一方のBさんのビジネスは、そもそも競合が少ないので価格が安定しています。在庫をほぼ抱えないため、固定費も最小限です。資金にも余裕があるので、不測の事態が起きたときも耐えられる期間は長いでしょう。

この比較からわかるのは、**たとえ売上が１００億円ある大企業でも、利益がゼロもしくはマイナスだったら倒産するということ。**

利益の重要性は知識として大半の人が知っているのですが、現実には売上でビジネスの善しあしを判断しがちです。現にみなさんは、自社（自分）の事業の利益がいくらなのかを即答できるでしょうか？

「絶対に利益が出る通販モデル」を確立した北の達人コーポレーションの代表・木下勝寿さんは、著書『売上最小化、利益最大化の法則』のなかでこう語っています。

経営における最大の目的は利益を上げること。
利益は会社がどれだけ役立っているかを示す。
利益から税金が支払われ、国のために使われる。
利益があれば会社は安定し、トラブルに襲われてもつぶれない。

まさに「利益の重要性」を端的に示している言葉だと思います。

また木下さんは、**「売上最小化、利益最大化」を実現するには、多産多死ではなく「少産少死」を徹底することが重要**とも指摘しています。

「商品を一生売り続けるつもりで開発する。ダメになったら廃番にしようとせず、ロングセラー前提で商品開発を行う」ということです。これも利益の重要性とともに、冒頭の「提供する価値に責任をもつ」につながる考え方といえるでしょう。

売上ではなく、利益で考える。

シンプルですが、この思考の転換がとても大切です。

4 異常値になる

厚利少売において、「普通」は「存在しない」のとイコールです。

競合がやっていないことをやらないと、平均値から抜け出せません。


「あなた（御社）の代わりはほかにいない」と言われる存在になるためには、その相手にとっての異常値にならなければならないのです。


ここで強調したいのは**「その相手にとって」**という部分です。

「異常値が大切」と聞くと、迷惑系ユーチューバーのように「とにかく目立つことこそ正義」と勘違いしてしまう人もいます。

そうではなく、大事なのは「ターゲットとする層の人たちに、なにをしたら徹底的に好きになってもらえるか？」という視点です。
「その人たちにとっての異常値になる」ことが重要なわけです。

厚利少売においては、
「100万人に知ってもらう」ではなく、
「100人に〝絶対に必要だ〟と思ってもらう」こと。
こう考える必要があります。

村上春樹さんは、小説家としてデビューする前（正確にいうと小説家の初期まで）、東京でジャズ喫茶を経営していました。そのときに、次のことを学んだそうです。

10人中1人がリピーターになってくれれば、経営は成り立つ。
でも、その1人には確実に、とことん気に入ってもらう必要がある。

これは、小説家になっても変わらない姿勢（哲学）だそうですが、まさに「高く売る思考の原点」ともいえます。

全員にいい顔はできないし、する必要はない。

だけど、自分（や提供する製品やサービス）を好きになってくれた人がいたら、その人には最善を尽くすし、もっと好きになってもらわなければならない。

このような異常値としての覚悟・プライドが、厚利少売には必須なのです。

とはいえ、いきなり異常値になるのは心理的ハードルが高いですよね。

僕も経営アドバイザーとして時給30万円に設定したときは、正直、「報酬以上の価値を提供できるだろうか」「誰からも求められなくなったらどうしよう」という不安はありました。

でも、前例のないことをやる以上、背伸びしてやってみるしかないんです。

「背伸び」と聞くと、無理をしているように感じるかもしれませんが、それは違います。背伸びとは、「現状の自分に満足せず、新しい挑戦をする姿勢」であり、ビジネスを続けるうえでは欠かせない行為です。

背伸びをすることは、新たな価値を生む一歩となります。

たとえば、カルディコーヒーファームはもともとコーヒー専門でしたが、国内市場において競合が増えるなか、海外の珍しい食品やドリンクを取り扱うことで、一風変わった商品ラインナップを提供しました。これもある種の「異常値になるための背伸び」といえるでしょう。その結果、カルディは独自のブランドイメージを築くことができ、多くのファンを魅了する存在となりました。

背伸びはリスクを伴うこともあるかもしれません。

でも、そのリスクを受け入れ、新しい価値を提供することができれば、独自のブランドが確立され、厚利少売を実現できるのです。

厚利少売で必要な「4つの基本原則」

1 提供する価値に責任をもつ

2 供給量をしぼる

3 「売上脳」ではなく「利益脳」

4 異常値になる

第2章

付加価値の前に「本質価値」を見極める

「付加価値」は仮面をかぶっている

厚利少売をするとき、多くの人が間違えがちなことが2つあります。

1つめは、**「むやみに質を上げようとすること」**。

飲食なら高級素材を使う、家電なら機能を充実させる、デザイナーならデザイン力を上げるなど、まさに〝カイゼン〟の精神でプロダクトの質を上げる人がたくさんいます。

でも42ページでお伝えしたように、厚利少売で大切なのは**「価値＝相手の変化量」**です。

ターゲットとする人たちが一定以上の質を求めていないのなら、質の追求は無駄になります。**「質以外の部分」で相手の変化量が大きくなるものがあるのなら、**そこを強

化すべきです。

2つめは、**「むやみに付加価値をつけようとすること」**。

「相場の3倍で売るのなら、プレミアム動画をつけて、無料相談もつけて、新商品のサンプルもつけて、懇親会の参加チケットもつけて、えーっと、あとはなにを追加すればいいかな……?」

こういう「足し算思考」で考える人は多くいます。

ですが、これも1つめと同じ考え方でNGです。**相手の変化量に影響を及ぼさない特典やプレゼントは、付加価値というよりむしろ不要なものです。**もらってもうれしくないどころか、「ゴミ箱に直行」という可能性すらあります。

ではなぜ、このように努力の方向を誤って、無駄な行動をしてしまうのでしょうか。

答えはシンプル。

「本質価値」と「付加価値」を区別できていないからです。

本質価値とは、商品・サービスそのものの核心に迫る価値、つまりお客さんが**真に求めている価値**を指します。一方で付加価値とは、商品・サービスの本質価値に追加される要素、**補完的な価値**を指します。

次ページの図を見てください。これはマッサージにおける一般的な「本質価値」と「付加価値」の考え方を示しています。

マッサージの本質価値は「施術の技術力」である。したがって、マッサージを高く売るためには、まず技術力を高めなければならない。そのうえで「リラックスできる環境」「アフターケア」「個別カウンセリング」「フレキシブルな営業時間」「専門商品の販売」「会員限定イベント」などの付加価値をつけていくべきだ——。

この考え方に対して、特に違和感がないと思ったかもしれません。

でも、じつは根本的に疑うべきポイントがあるのです。

一般的な「本質価値」と「付加価値」の考え方

マッサージの場合

その「付加価値」は「本質価値」かもしれない

マッサージの本質価値は「施術の技術力」である。

この前提を疑ってみましょう。

ここでの目的は「高く売ること」です。では、マッサージに高いお金を出す人は、なにを最重要ポイントにしているのでしょうか。

もちろん「施術の技術力」を重視している人はたくさんいますが、それだけではないはずです。次のようなニーズもあるのではないでしょうか。

・リラックスできる環境でおしゃべりを楽しみたい
・結婚式を控えているから、スキンケアのアドバイスをしてほしい
・マッサージ後に三つ星レストランに行くから、ヘアアレンジもお願いしたい

・ネイルもお願いしたい
・子どもを預けて、別世界に行った気持ちになりたい
・朝方、もしくは夜中に行きたい

「施術の技術力」を重視する人と比べれば少数派かもしれませんが、第1章を思い出してください。厚利少売では「その人たちにとっての異常値になる」が大原則でしたね。数が少なくても異常値だと思ってくれる人が一定数いれば、問題ないのです。

ここで覚えておいてほしいのが、「付加価値」と思っていたものが、じつは「本質価値」かもしれないということ。つまり、**「付加価値」を「本質価値」として打ち出すことで、独自性を生み出せる（＝異常値になれる）**のです。

マッサージの例でいえば、「施術の技術力」はむしろ付加価値にして、「きれいな環境」「おしゃべり」「スキンケア」「ヘアアレンジ」「ネイル」「カップルシート」「キッズスペース」「営業時間」などを本質価値として打ち出すということです。

新たな本質価値を提供できれば、付加価値をどんどん加えなくても、高く売れるようになります。

こうしたUSP（Unique Selling Proposition／独自の強み）をうまくマーケティングに活用した例として、掃除機でおなじみダイソンがあります。

ダイソンの有名なキャッチコピー「吸引力の変わらない、ただひとつの掃除機」を聞くと、「吸引力（パワー）が強い」と思いがちです。でも、ダイソンの掃除機の吸引力は、他社製品と比較して強いわけではありません。

ダイソンが着目したのは「吸引力の強さ」ではなく**「吸引力の維持」**。

従来の紙パック式掃除機の場合、使っているうちにフィルターにゴミが詰まってだんだんと吸引力が落ちていきます。そこでダイソンは、長い時間使っても吸引力が変わらないサイクロン・テクノロジーという独自の技術力を打ち出しました。

結果として、ダイソンの掃除機は他社製品に比べて高額にもかかわらず飛ぶように売れ、世界的に有名な家電メーカーの仲間入りを果たしたのです。

「付加価値」は「本質価値」にもなる

マッサージにおいて「付加価値」だと思っていたもの

お客さんによっては
「付加価値」ではなく「本質価値」になる！

独自性のある本質価値なら、付加価値がなくても高く売れる！

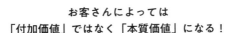

「新たな本質価値」を見つける方法

独自性のある本質価値を見つける方法としては、前項でお伝えしたように「付加価値だと思われているものを本質価値に替えてみる」ことが有効です。

その際にポイントとなるのが、やはり「価値＝相手の変化量」という視点です。

もしすでにお客さんがいるなら、「提供したものによって、なにがどう変わったか？」をヒアリングしましょう。

そこで予想外の答えが返ってきたら、深く掘り下げてみることで新たな本質価値が見つかる可能性があります。

たとえば知り合いのライターさんは、取材を行った経営者に対してライターとしての

〔　「本質価値」と「付加価値」の例　〕

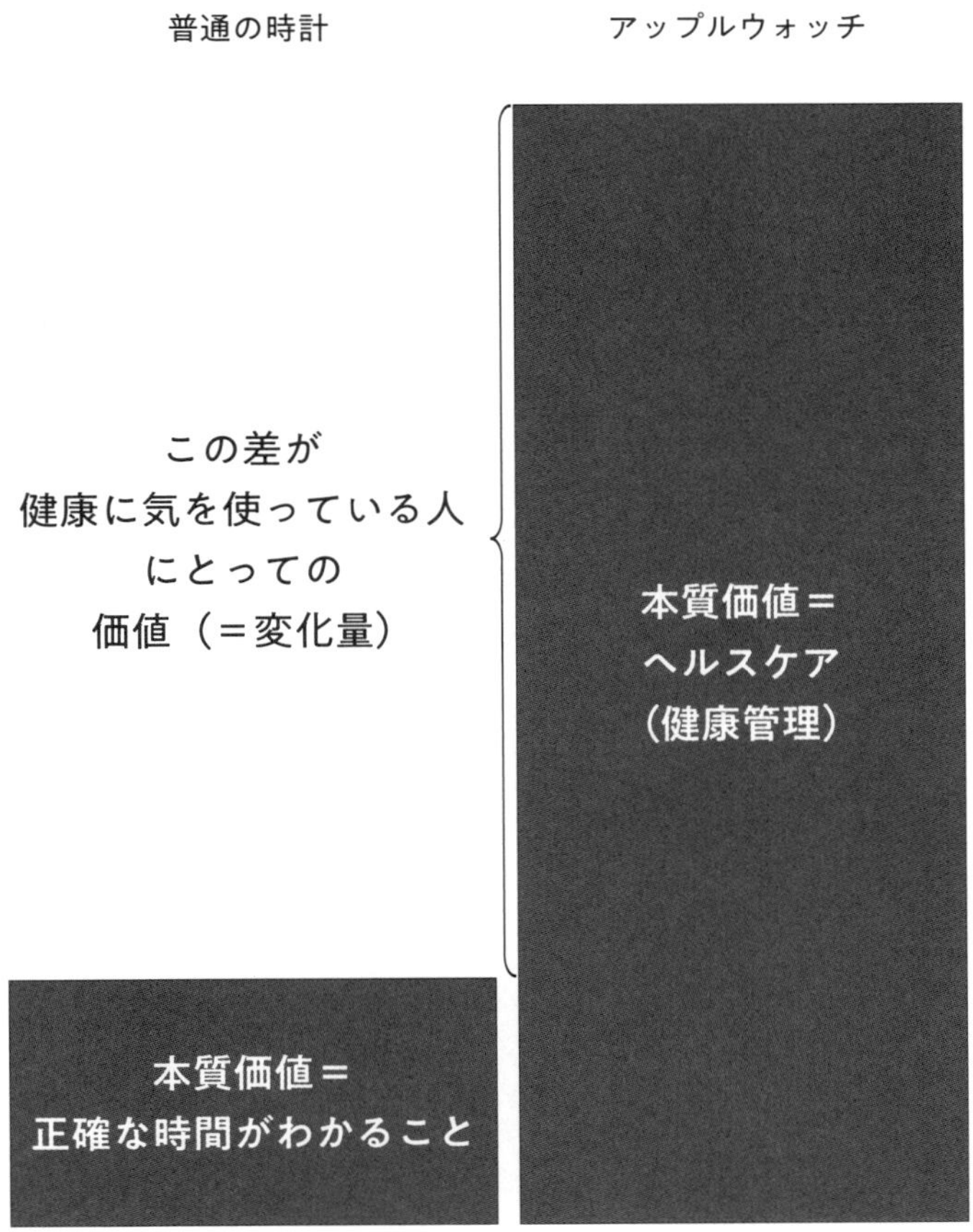

価値を尋ねた際、はじめは「よい文章を書いてもらった」という文章のクオリティについてのフィードバックがあったそうです。

しかし話を進めるなかで、「取材を通して新しい視点や考え方が生まれた」「自分の知らない強みを教えてくれた」という意見も出てきました。

それがきっかけで、「壁打ち相手になること」「第三者としてアドバイスをすること」を強みとする「出版をめざす経営者のコーチング」という新たな事業を始めることに。

ライターの本質価値は「執筆力」だと思いがちですが、**「話を聞く・客観的な意見を言う」という付加価値を「コーチング」という本質価値に変えることができた**のです。

もう１つ、新たな本質価値を示した事例として紹介したいのが、アップルウォッチです。

時計の本質価値は、これまで「正確な時間がわかること」でした。

たとえば、１９７０年代ごろまでの腕時計は（一部の高級品を除き）1日15～20秒の誤差が出る状況で、時計メーカーも「（週初めの）月曜の朝は、時計の時刻を確かめましょう」などとCMで呼びかけていたほどでした。

そこから1970年代にクオーツ（水晶）時計が普及すると、状況は一変。時刻修正を3、4カ月しなくても誤差は1分未満になり、「時計は正確である」ことが当たり前になりました。いまでも精度の追求は行われており、「3000年に誤差1秒以内」と呼ばれる原子時計や、最近では「300億年に誤差1秒以内」という光格子時計の開発も進んでいます。

こうした「時間の正確性」を追求し続けている時計に対し、アップルウォッチが提供した本質価値は**「ヘルスケア（健康管理）」**です。歩数、消費カロリー、睡眠の時間・深さなどを自動的に記録できます。さらに心電図アプリケーションと不規則な心拍の通知機能では、不整脈に最も多い心房細動の兆候を検知してくれます。

健康に気を使っている人にとっては、「正確な時間がわかること」よりも「ヘルスケア（健康管理）」のほうが価値（変化量）は大きくなります。そのため、時計市場のなかでも独自のポジションを築けたわけです。

「高く売れるもの」には共通点がある

じつはアップルウォッチの例からもわかるように、「高いお金を払ってもいい」と思えるジャンルはある程度決まっています。

以下にその一例を挙げました。本質価値を見つける際の参考にしてもらえればと思います（ただし大事なのはあくまで「相手の変化量にコミットすること」なので、このジャンルを選んだだけで厚利少売を実現できるわけではありません！）。

人が高いお金を払ってもいいと感じるジャンル

① お金（自分／自社の利益になるもの）

② 健康（体にいいもの、健康に寄与するもの）

③　知名度アップ（ブランドや個人の知名度を高めるもの）
④　時間節約（効率的に時間を節約できるもの）
⑤　耐久性（長く使えるもの）
⑥　エクスクルーシビティ（限定的で独特なもの）
⑦　プロフェッショナルの知見（専門家の意見やアドバイス）
⑧　安全性（人や財産を守るためのもの）
⑨　手間ゼロ（手間を省けるもの）
⑩　感情的価値（感情的な結びつきや思い出を与えるもの）
⑪　美容・外見の向上（外見を良くするためのもの）
⑫　パフォーマンス向上（物理的、知的、精神的な能力を向上させるもの）
⑬　社会的ステータス向上（社会的な地位や認知を向上させるもの）
⑭　教育（知識やスキルを増やすためのもの）
⑮　特別な体験（他では得られない特別な体験）
⑯　環境への貢献（環境を守るためのもの）

⑰ 家族や愛する人への投資（家族や愛する人のためのもの）
⑱ カスタマイズ（好みに合わせて調整可能なもの・サービス）

「希少なもの」は新たな本質価値のヒントになる

もう1つ、「新たな本質価値」を見つけるヒントを紹介しましょう。

山口周さんは著書『ニュータイプの時代』で、これからの世界において求められる力の1つに**「論理と直感を状況によって使い分ける」**ことを挙げています。

詳しいノウハウは同書をお読みいただくとして、ここで紹介したいのが「希少なものと過剰なもの」の対比です。**過剰なものを生み出しても得られる利益は少ないですが、希少なものを生み出せば大きな利益を享受することができます。**

次ページ図の「希少なもの」は、どれもいまの社会で数が不足しているものです。

〔いまの社会で「過剰なもの」と「希少なもの」〕

過剰なもの		希少なもの
正解	→	問題
モノ	→	意味
データ	→	ストーリー
利便性	→	ロマン
説得	→	共感
競争	→	共創

出典：山口周著『ニュータイプの時代 新時代を生き抜く24の思考・行動様式』（ダイヤモンド社）をもとに作成

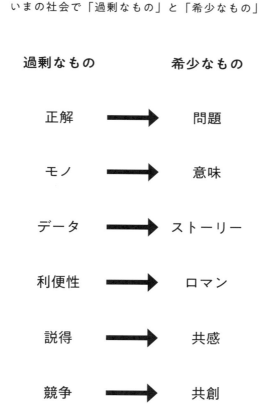

お気づきになった人もいるかもしれませんが、これら「希少なもの」は「新たな本質価値」を生み出すヒントになります。前述の「人が高いお金を払ってもいいと感じるジャンル」とかけ合わせて考えてみるのもおすすめです。

価値を最大化するためには「準備期間」も重要

本質価値は「見つける」だけでは不十分で、より大きな変化をお客さんにもたらすために、価値を「磨く」必要があります。

僕がスマートニュースでブランド広告責任者を務めていたときの話です。

スマートニュースは、全国紙をはじめとするニュースメディアと連携し、インターネット上で話題になったニュースを配信するアプリです。当時の会員数は600万人、主な収入源は広告収入でした。

当時、僕が注力していたのが、スマホの全画面で表示される新たな広告の販売でした。スマートニュースのアプリを起動すると、新聞の一面広告のように画面いっぱいに表示される広告。これを厚利少売することがミッションでした。

競合だった大手新聞社の広告価格は、１回の表示当たり９円。仮に１０００万人が見たら９０００万円という、非常に大きな収入です。

僕は、この競合よりも、さらに単価を上げられないかを考えました。

お客さん（広告主）が広告に期待している価値とはなにか。当然、広告をたくさんの人が見て、さらにその先にあるプロダクトを買ってもらえることです。

ではどうすれば、アプリ起動時に表示される全画面広告を、たくさんの人が見て、その先の購入に結びつけられるか。

当時、スマートニュースのユーザーは、１日で平均12分、一度起動すると３～５分はアプリを見てくれていることがデータでわかっていました。

そこでまず僕が考えたのは、**「広告を表示するタイミング」**です。

たとえば、アプリを使用して5分後に広告が表示された場合、もし気になったプロダクトだとしても、離脱せざるを得ない状況（電車を降りる、トイレから出るなど）だったら、広告の内容を見る時間も、買う時間もありません。そのため広告の表示は「アプリ起動時にすべき」と考えました。

とはいえ、アプリ起動時にいきなり全画面の広告が出たら、クライアントは喜んでくれるかもしれませんが、ユーザー目線ではどう思うでしょうか。「わっ、広告だ」と思ってスキップしてしまうでしょう。これだと表示回数を稼げても、実際の購入までは結びつかず、価値提供としては弱くなります。

広告だとわからない、あるいは広告であっても質のよいコンテンツに見えるような工夫が必要です。

そこで僕が考えたのは、「この全画面表示は、重要度の高いニュースである」ことをユーザーに認識させることでした。

具体的には、「宇多田ヒカル、新曲リリース！」「今日（11月11日）はポッキーの日！」など、多くのユーザーに刺さる情報を全画面で表示する期間を半年間ほど設けたのです。この期間があったことで、ユーザーに「ここに表示されるなら重要度が高い情報だ」という認知が広がりました。

そう。**プロダクトとして熟したタイミングで高単価の広告を販売しにいったのです。**結果、その全画面広告は、競合を超える1回の表示当たり、およそ5倍の単価で売ることができました。

この事例からお伝えしたいことは、厚利少売においてはプロダクトの完成度は非常に重要であり、完成度を高めるためには準備期間も場合によっては必要である、ということ。

昨今、マーケティングの4P（製品、価格、流通、プロモーション）では、とりわけ「プロモーション」に重きを置いて語られています。「いかにバズらせるか」「いかにメディアに取り上げられるか」みたいな話です。

しかし**厚利少売を実現したいなら、まず考えるべきは「製品（プロダクト）」です。**いかに製品の価値を上げるかを重視してください。

「マーケティング＝プロモーション」という勘違いをしている人があまりに多いので、この点は声を大にしてお伝えしたいです。

「本質価値」を見える化する

「これはおまけだと思っていたけど、じつは高い価値を感じてもらっていた」

仕事をしていると、一度はこんな経験がありますよね。

たとえば、営業担当として顧客に業界のトレンドについてのメールを定期的に送っていたとします。自分にとっては単なる情報共有であり、大したことではないと思っていたのに、顧客にとっては非常に有益な情報源になっていて、継続してお付き合いができている大きな要因だった……というイメージです。

人は、自分の行動や提供するものの価値を過小評価しがちです。

自分にとっては「付加価値」でも、その相手にとっては「本質価値」であることは珍しくありません。

僕自身、本質価値と付加価値を見誤っていた経験があります。

スケールアウト社（現スーパーシップ社）のCMO（最高マーケティング責任者）を務めていたとき、ブランド広告主の課題解決やアドテクノロジーの事業展開などに携わっていたのですが、当時は広告代理店のビジネスを「メディアの提供」、つまり「広告の掲載スペースそのもの」を本質価値としてとらえていました。

でもその考えでいる限り、どこの代理店も提供できるものは一緒なわけで、差別化できず高く売ることはできません。

そこでクライアントにヒアリングを重ねた結果、本質価値は、その広告スペースを運用するノウハウや、効果的な広告の設計、ターゲティングの方法にあるということに気づかされたのです。

そこから単に「広告」を売るのではなく、「クライアントとの対話」に重きを置くようになりました。対話を通じて真の課題を見つけ出し、それを解決するための最適な方法を提案することが仕事になったのです。そのことがきっかけで、スマートニュースを経て起業し、現在の経営アドバイザーになりました。

ちなみに、経営アドバイザーとしての僕の本質価値は、**「元気な体」「約束の時間どおりに会いに行く」「おしゃべりができる」**の3つです。

起業する際、「宿題はつくらない」「資料は用意しない」「嫌な人とは付き合わない」などやるべきでないこと（やりたくないこと）を何十個も挙げていった結果、この3つにしぼられました。

当たり前のことのように感じると思いますが、この3つは何年経っても継続できるものですし、普遍性があって廃れません。そして、じつは意外と継続が難しいものでもあります。僕のような頭を武器にするビジネスにとっては、この3つこそ価値提供の土台であり、最高の強みなのです。

「アドバイザー」という肩書きは、どうやってマネタイズするか考えていたときに、偶然見た海外の情報で知りました。助言や指導を仕事にする職業がある――今では珍しくない肩書きですが、7年前の当時ではアドバイザーを名乗っている人は、僕の周りにはいませんでした。「まさに自分がやりたいことにぴったりの肩書きだ」と思い、以降はアドバイザーを名乗ることにしました。

「アドバイザーってなに？」と聞かれたことは数えきれないほどあります。でも、**知られていない職業ということは「異常値である」ことを意味しますし、説明ついでにコミュニケーションをとる機会が得られる**ので、まったくマイナスではありません。

本質価値は、言葉やビジュアルにして初めて認知されます。

肩書きをつくるのも一手ですし、ダイソンの「吸引力の変わらない、ただひとつの掃除機」のようにキャッチコピーをつけたり、本質価値を連想させるイメージ画像をつくったりするなど、ぱっと見たとき「これ、なんだろう？」と思わせる工夫が必要です。

発信方法や肩書き作成のポイントは第5章でも紹介しているので、ぜひ参考にしてみてください。

なぜ、ミシュランは「ガイドブック」を出したのか？

本質価値が決まると、マーケティングの4P（製品、価格、流通、プロモーション）のすべてのアクションが逆算で考えられるようになります。

ただし、注意点があります。

本質価値は時代によって変わっていくものなので、「1回決めたら終わり」ではなく、「お客さんが求め続けているものなのか」を常に自問し、ときに新たな本質価値をつくる必要があります。

そのわかりやすい例が、ミシュランです。

ミシュランと聞くと、「星付きレストラン（グルメガイド）」をイメージする人が大半だと思いますが、じつは「フランスのタイヤ製造企業である」と、ここまでは知っている人も多いはずです。

でも、**タイヤメーカーのミシュランが、なぜ星付きレストランのガイドをつくることになったのか**をご存じでしょうか。

１９００年当時、自動車は主にスポーツレースに使われるものであり、フランスにはわずか５６００人のドライバーしかいませんでした。手づくり自動車は富裕層の趣味であり、大量生産が始まっていなかったのです。

そんななか、当時画期的だった空気入りタイヤを自動車メーカーに独占供給していたミシュラン兄弟は、「もっと車の運転を楽しく、身近なものとして普及していくには、どうすべきか？」と考えました。

その答えとして、１９００年8月に「ミシュランガイド」が発行されました（１２０

年以上前のことです！）。

当時の「ミシュランガイド」には、どの道路が舗装されているか、ガソリンスタンド（当時のフランス全土でガソリンを販売している店は４０００店以下で、その多くは薬局でした）、自動車修理工場のリスト、遠方でのドライブでも困らない宿泊施設、そしておいしい食事ができるレストランが掲載されていました。

その後の１９２３年、「快適さと適正な値段のレストランに黒い星をつける」という意味で初めて星が使われ、１９２６年にその意味が「おいしさを表す」に変更。そして１９３１年、グルメな読者にもガイドブックが浸透してきた頃で、フランスの地方版から「二つ星」「三つ星」と評価するようになったそうです。

おそらくミシュラン兄弟は、「ミシュランガイド」を初めて発行したとき、レストラン紹介はあくまで付加価値であり、現在につながるような本質価値だとは予測していなかったはずです。

それでも彼らがレストラン紹介という新たな本質価値を見つけられたのは、**「なにが**

お客さんの価値になっているのか？」という本質価値に対して自問する姿勢があったからではないでしょうか。

そしてこの事例から学べる大切なことは、もう1つあります。

それは、**「自身の業界や経験に縛られないこと」**。

ミシュランはタイヤメーカーなのにグルメガイドを出しています。つまり、タイヤ製造という本質価値に固執していないわけです。同じように、ヤクルトは発酵乳製品の製造からコスメティック事業まで手がけていますし、セコムはセキュリティサービスから医療・介護事業まで展開しています。

いずれも自身の本質価値を他業界にスライドしている例といえるでしょう。

業界に長くいる人ほど、「これまでの経験」が邪魔をして、既存の本質価値を疑わない傾向が強いです。

たとえば、デザイナー歴10年の人が「デザイン力」だけで勝負しようとしているというイメージです。「営業力」や「マネジメント力」が本質価値になるかもしれないのに、「デザイナーたるもの……」と新たな本質価値に目を背けてしまうのです。

厚利少売で大切なのは、「過去の経験」や「業界の常識」よりも「お客さんの声に耳を傾けてキャッチアップすること」です。

一旦、既存のお客さんのことは忘れて「別業界で提供している価値」をフラットな視点で見ることも大切だと思います。

「ブランド」をつくる4つのヒント

ここまで本質価値や付加価値の話をしてきましたが、その土台にあるのが「ブランド（安心・信頼）」です。次ページの図のように**3階建て**になっているといえます。

たとえば、自分にとってかなり刺さる商品（サービス）があっても、販売者の顔が見えなかったり（情報がまったく出てこない）、悪い口コミがたくさんあったり、問い合わせをして粗雑な対応をされたりしたら、買う気がなくなりますよね。

それと同じで、**せっかく独自の本質価値を見つけられたとしても、安心・信頼の部分で手を抜いたら厚利少売は実現できません。**

厚利少売は「3階建て」

では、厚利少売をする人は、どうやって「ブランド」をつくればいいのでしょうか。
ここでは4つのヒントを紹介します。

①「ブランド・マントラ」を確立する

第2章でもお伝えしましたが、まず**「その商品やサービスが、どんな本質価値を提供できるのか」を言語化しましょう。**

スターバックスのマーケティング担当副社長、ナイキの広報部長を務めたスコット・ベドベリは著書『ザ・ブランドマーケティング』のなかで、こうしたブランドのDNAを簡潔に表現する言葉を「ブランド・マントラ」と呼んでいます。

ブランド・マントラは、キャッチ・コピーではない。ブランド・マントラは企業がどのような商品やサービスを提供するか、どのようにビジネスを進めるか、どのような人間を雇うか、といった問題に方向性を与える道しるべのようなものだ。

たとえば僕の場合、「企業の10倍成長を実現するための経営者への壁打ち」となります。スティーブ・ジョブズはｉＰｈｏｎｅを発表するときに「ｉＰｏｄ・電話・ネット通信機の３つを合わせた製品」とプレゼンしました。これくらいコンパクトにまとめることで相手も理解しやすいですし、「○○さんはこういうサービスを提供しているんです」と他己紹介（２０９ページ）されやすくなります。

②組み合わせる

立ち上げたばかりの事業であっても、**「信頼されているもの」を取り入れることでブランド（安心感・信頼感）を醸成できる**可能性があります。

スターバックス コーヒーの創設者であるハワード・シュルツは、イタリア・ミラノのエスプレッソバー文化の人気に感銘を受けたことがきっかけとなり、シアトルで同様のコーヒーバー文化を展開。これが現在のスターバックス コーヒーの大成功につながっています。

この例のように、別の市場にも目を向けて、信頼されているブランドや、じつは「当たり前」と思われている文化があれば、それを自身の強みと組み合わせたり、やり方を参考にしたりするのはおすすめです。

③お客さんと対話をする

一方通行で商品・サービスをつくるのではなく、ユーザーや顧客を巻き込んでみましょう。そうすることで**独自のストーリーが生まれ、その人たちがファンになって応援してくれますし、第三者にも透明性や客観性を伝えることができます。**

たとえばレゴは、ファンや利用者からのアイデアを取り入れるプラットフォーム「レゴ（R）アイデア」を運営しています。これは、一般ユーザーが自らのレゴ作品のアイデアを共有し、それが一定数の支持を集めて審査に合格すると、実際に商品化されるという取り組みです。

これにより、レゴは顧客の声やニーズを直接取り入れることができるだけでなく、コミュニティとしての結束感やブランドへの愛着を深める効果も得ています。

じつは、この本も匠書房（本書の出版社）と協力し、オンラインコミュニティを立ち上げて、取材や打ち合わせの様子をメンバーに公開していました。

本は制作過程で、大量のアウトプットや意見交換を編集者さんやライターさんとするわけですが、それが非常に面白いんです。実際に掲載するのはごくわずかですが、どういった対話や思考を経て一冊の本ができたかを見ることができるのは貴重ですし、僕自身、制作を通じてコミュニティメンバーの意見を聞くことができて、本書の制作においても役立ちました。

いまはＳＮＳを使えば、誰でも人を集められる時代です。**たとえ数人であっても、その人たちから得られる知見は、本質価値を見極めるうえで役立つはずです。**

④もらったお金を再投資する

厚利少売の話をすると、「私なんかが、こんなに高いお金をもらっていいのでしょうか……」と不安を抱く人もいます。
そんなとき、僕はこうお伝えしています。

> いただいたお金は、あなたへの感謝のしるしと同時に、新たな期待でもあります。
> お客さんは、「あなたがもっとよいサービスを提供してくれるだろう」という「投資」の意味合いを含めて高いお金を払っているんです。
> だからあなたも、いただいたお金を浪費に回さず、
> さらなる価値を提供できるよう、
> サービスの品質向上や自身の成長などに投資してください。

この「投資」の姿勢は、言葉を替えると「お客さんの期待をさらに超えていこう」という意識と責任をもつことでもあります。

「もっと素晴らしい価値を提供して満足度を上げたい」

「なにがお客さんの利益につながるのか、もう一度深く考えよう」

こうした姿勢は第三者から見ても伝わるため、「この人はプロフェッショナルだ」と思ってもらえます。結果として自然に人が集まって長く続くビジネスとなり、大きな安心・信頼につながっていくのです。

チームマネジメントにおいても「本質価値」の見極めが大切

厚利少売の基本原則の1つに「『売上脳』ではなく『利益脳』」がありましたね（53ページ）。コストが高すぎて利益が圧迫されると薄利多売が加速し、ビジネスの持続可能性はなくなるという話でした。

多くの企業にとって最大のコストといえば「人件費」、つまり報酬、採用、育成の費用でしょう。

人件費にコストをかければ有能でモチベーションの高いメンバーを集めやすくなりますが、それでは利益が減ってしまいますし、なにより報酬面だけを強調して雇ったメンバーが高いパフォーマンスを維持してくれるとは限りません。最近では、報酬以外の要因（カルチャーや成長機会、プライベートとの両立など）を求める人も多いです。

では、経営者やチームをまとめるリーダーは、優秀なメンバーを惹きつけ、高いエンゲージメントをもって働いてもらうためにどうすればよいのでしょうか。

その1つが、やはり**「本質価値の見極め」**なのです。

ハーバード・ビジネス・スクールの戦略講義を解説した書籍『「価値」こそがすべて！』には、ギャップ（GAP）の興味深いエピソードが書かれています。

ギャップは、全世界で約9万5000人（2023年1月時点）の従業員を抱え、その多くがパートである衣料品小売企業です。

通常、スタッフの満足度を上げるための施策といえば、「平均以上の給与」や「充実した研修制度」などが思い浮かびます。ところがギャップは、小売業者があまり関心を払わない、しかしパートの従業員にとっては非常に重要である**「予測可能で一貫した勤務時間」**を改善しました。

小売業では、パートタイム従業員の80%が「週ごとに勤務時間が変わる」と回答しています。平均労働時間が40%変動することも珍しくありません。加えて、スケジュールを聞かされるのが1週間前かそれよりも直近です。これだと、今月何日働けるのかも、いくら稼げるのかもわからず、生活の予定を立てることができません。

そこでギャップは、「勤務シフトの開始時刻と終了時刻の標準化」「毎週同じシフトでの従業員のスケジューリング」「中心となるスタッフには最低20時間の勤務時間の確保」「従業員同士の勤務シフトを交換可能にするためのアプリを開発」といった改善をしました。

結果、この施策を10カ月行った店舗は、労働生産性が6・8%向上、売上はほぼ30 0万ドル増加しました。さらに従業員からもウェルビーイングの向上と睡眠の質の改善が報告されたのです。

この事例から学べることは、**「従業員が求めている本質価値は、給与や研修制度以外にもあるかもしれない」という視点をもつことの重要性**です。

具体的になにが本質価値なのかは企業によって異なるでしょう。

「家族のような関係を築けること」かもしれませんし、「個の力だけで活躍できること」かもしれません。「長時間働くけど、給与が高くて成長できること」かもしれませんし、「給与は低いけど、残業が一切ないし、フルリモート・フルフレックスであること」かもしれません。

ここでも思い出してほしいのが、「異常値になる」ことです。

厚利少売をする企業においては、数が少なくても異常値を理解してくれるメンバーがいれば問題ないのです。

一緒に働くメンバーは、「自社の異常値」に共感してくれる人を選ぶ必要があります。

この点をブレさせないことが、チームマネジメントにおける厚利少売（少ない人数で高い利益を出すこと）に直結していくのです。

第3章

「成功」から逆算して価格を決める

「目標の年間利益」を決める

ここからは、厚利少売の具体的な方法論をお伝えしていきます。紹介することはどれも難しいことではないのですが、実際にやってみる人はほとんどいません。

でも、あのピカソも「描き始めなければ、描きたいものを知ることはできない」と言っています。**読んで終わりではなく、ぜひ行動につなげてください。**数値化・言語化することで、自分が求める厚利少売のかたちがはっきりするはずです。

最初にやらなければならないのは、「成功と思える年間利益」を決めること。

これが不明確なままだと、ターゲットも単価も定まりません。**まずは自分（自社）が年間いくらの利益を得たら「成功だ」と思えるのかを明確にしましょう。**

成功の定義は人それぞれですが、できるだけ具体的に書き出すことが大切です。
たとえば個人なら、以下のイメージです。

・家賃：40万円（文京区の3LDK）
・食費：25万円（外食は最低週2回）
・光熱費：5万円
・趣味：20万円（音楽鑑賞、ファッション、ゴルフ）
・教育費（学費、塾代）：20万円
・投資（つみたてNISA）：10万円
・貯金：20万円
：計140万円
＝目標の年間利益：1680万円

こうして数字に出して書いてみると、「まだまだ頑張らなくては……」「自分はそこまでお金がかからないな」などとリアルな感情とともに、目標利益を把握できるはずです。

ただし、ここで注意点が3つあります。

①必ず「利益」で考える

「売上脳」と「利益脳」の話で述べたように、売上と利益は比例しません。目標は、売上ではなく利益で設定しましょう。

②高すぎる金額を設定しない

ノーベル賞受賞者であり、行動経済学者の始祖と呼ばれるダニエル・カーネマンは、**「達成困難な目標を立てている人は、人生に不満を感じるものだ」**と言っています。

たとえば、年間手取り300万円の人が、いきなり1億円をめざすのは無謀です。「目標は高ければ高いほどいい」と言う人もいますが、非現実な目標はやる気を失うばかりか、人生を不幸な方向に招いてしまいます。

大切なのは**「リアリティをもてるかどうか」**です。これを確かめるには**「比較」**して考えるのが有効です。

あなたが現在年収400万円だとしたら、1000万円と2000万円の生活、どちらがリアルにイメージできるでしょうか。もし「1000万円ならイメージできる」ということであれば、2000万円は高すぎるということになります。

③設定金額を厳密にとらえない

前の例だと「目標の年間利益1680万円」という数字が出ましたが、この数字に縛られる必要はありません。その厳密な金額に意味があるわけではないからです。1680万円なら、「1500万円くらい年間手取り収入があれば、成功と思える」くらいの感覚で問題ありません。

科学的に証明された「目標の大切さ」

世界的ベストセラー『Think clearly』に興味深い実験結果が書かれています。

アメリカの研究チームが17歳、18歳の学生に対し、「経済的な成功をどのくらい重視するか？」と質問しました。回答の選択肢は「重要ではない」「少しは重要」「非常に重要」「経済的な成功は不可欠」の4択です。

数十年後、その学生たちが実際に得ている「収入」と人生に対する「幸福度」を調べた結果、2つの事実が明らかになりました。

1つめは、若い頃に経済的な成功を重視していた人のほうが、数十年後の所得額が多いこと。つまり、**目標をもつことの有効性が裏づけられた**わけです。

2つめは、**目標を達成できた人の幸福度が高かったこと。**

「社会に出たら高収入を得たい」と若い頃に立てた目標を達成した人は人生に対する満足度が高く、経済的な成功を人生の目標にしていなかった人の場合は、所得の高さは人生の幸福度にほとんど影響を与えていませんでした。

結論、目標を立てることは超重要です。
そして達成することも大切です。

目標達成について、ドイツの詩人ゲーテはこんな名言を残しています。

——常によい目的を見失わずに努力を続ける限り、最後には必ず救われる。

「価格」は小さく分けて考える

めざすべき年間利益が決まったら、そこから達成条件を分解していきます。

たとえば、目標の年間利益を１０００万円に設定した人の場合、１カ月の目標利益は約85万円です。この人のビジネスが仮に「アクセサリー販売」で、１個当たりの平均利益が３０００円だとしたら、毎月２８４個売らなければなりません。

企業の場合でも考えてみましょう。年間利益2億円をめざす企業の場合、１カ月の目標利益は約１７００万円です。クライアント1社当たりの平均利益が20万円だとしたら、毎月85社のクライアントが必要です。いずれもかなり単純計算ですが、まずはこれくらい大まかで構いません。

みなさんも自分のケースにあてはめて計算してみてください。

いかがでしょう。達成できそうだと思いましたか？

この計算をしてみると、多くの人は「かなり難しいな……」と思ったはずです。

ここでやりがちなのが「広告をうつ」「単価を下げる」「営業を雇う」などです。**たくさん売るためには、より多くの人（企業）が買える値段まで引き下げて、より認知度を高めなければならない――。**こう考えるからです。

でもこれ、ここまで本書を読んできたみなさんなら、典型的な薄利多売の思考ということに気づきますよね。

では厚利少売の思考なら、どう考えるか？

簡単ですよね。**単価を上げて数をしぼればいいのです。**

1つめの例なら、1個当たりの平均利益を3000円から3万円に上げられたら、販売量は**29個**で目標達成できます。

2つめの例なら、1社当たりの月間利益を20万円から300万円に上げられたら、クライアント数は**6社**で目標達成できます。

続いて、もっと単価を上げて考えてみましょう。

1つめの例なら、1個当たりの平均利益を30万円に上げられたら、販売量は**3個**で目標達成できます。

2つめの例なら、1社当たりの月間利益を3000万円に上げられたら、クライアント数は**1社**で目標達成できます。

どうでしょう。見える世界が変わりませんか？

必要な販売数がしぼられたことで、「この数なら買ってくれるお客さんが見つかるかも」と思えたのではないでしょうか。

僕自身、「時給30万円」に設定したときも次のように考えました。じつにシンプルに考えていることがわかると思います。

・自分にとっての成功の状態は「年収3000万円」。しかも長い時間働きたくないから、「月50時間労働」くらいがいいな。

↓

・時給30万円と仮定してみよう。「1時間を月4回」にすると、1社当たり月額120万円、10社なら1200万円。この計算なら、いろんなリスクを考慮しても3000万円は超えそうだな。

↓

・日本には企業が約370万社ある。時給30万円は高いけど、これだけたくさん企業があるんだから、僕に依頼してくれる会社も10社はあるはずだ。

↓

・いまの自分になにが足りないかを洗い出そう。大きな会社と付き合うなら株式会社を設立すべきだし、提案の仕方やコーチングの技術を学ばないとな。

「単価100万円」から「単価10億円」にして売った方法

スーパーシップ社のCMOを務めていたときも同じように考えました。

成功の状態は「年間売上100億円」に設定（このときは売上で設定していました）。

ただ、当時売っていた広告は1件100万円だったので、100億円を達成するには1万件売らなければなりません。途方もない数字ですよね。毎月買ってくれるクライアントがいたとしても、月に1000社は必要です。

加えて、提案に対する受注率は5%。単純計算だと、1万件売るためには20万回提案しなければなりません。

社員数は300人。仮に全員で営業を頑張ったとしても、年間20万回提案して1万件売るのは到底不可能です。

こういう場合、営業代行を外注するなど「頭数を増やす」という方向に走りがちなのですが、直感的に「やればやるほど薄利多売になるな」と思いました。もちろん社員に何倍も働いてもらうことも現実的ではありません。

人を増やさないとなると、とれる手段は1つ。

価格を上げるしかありません。

まず、10倍の1000万円で売ろうと考えました。1000万円なら年間1000社（月80社くらい）受注すればいいので非現実な数字ではありません。

ただ、これまで100万円で受注していたクライアントに1000万円のパッケージを提案しても当然門前払いされてしまいます。

そこで、ターゲットをより多くの広告費をかけている大企業に変更しました。

しかしいざ話を聞いてみると、広告責任者に充てられていた予算は月1000万円ほど。こちらが1000万円の広告を売るとなると、うちの会社だけで1000万円の予算をすべて消化することになります。それはどう考えても難しい。

「やっぱり１０００万円は高いか。５００万円に下げるべきかな……」

そう思ったこともありましたが、踏みとどまりました。目標達成は「歩幅×歩数」で決まります。**歩幅を短くしたら、歩数を増やすしかない。歩数を増やせないのなら、歩幅を広げるしかない**のです。


ここで僕は、**「いっそのこと10億円で売ろう」**と考えました。

クレイジーだと思いますか？　でもごく自然な発想だったんです。


１０００万円のときは現場の広告担当者が決裁者でした。これが１０００万円～１億円くらいになると宣伝部長やＣＭＯが決裁者になります。

じゃあその先にいる「経営者」が決裁者になれば？　これまで「現場担当マター」だった広告を「社長マター」に変えることができれば？　単価10億円も不可能な価格ではありません。

「御社はデジタル広告の重要性を理解し、しかるべき投資をしているでしょうか？」
「御社は広告運用を代理店に一任しているようですが、そのままだと自社にデータが蓄積されず、ノウハウも生まれません。これからの時代は、自社でデータを一元管理・運用していくべきです」

こうしたアプローチを経営者にしたところ、見事に的中。
結果として、100万円のときに5%だった受注率は、10億円のときは30%となり、目標だった年間売上目標100億円を達成できたのです。

ユニバーサル・スタジオ・ジャパンや丸亀製麺を立て直した「現代最強マーケター」と呼ばれる森岡毅さんは、マーケターの最重要な役割として、**「どう戦うか」の前に「どこで戦うか」を正しく見極めること**だと言っています。

まさにこのケースでもそうで、僕がしたことは細かい戦術の立案ではなく、**「戦う**

フィールドの変更」だったわけです。

ちなみに、漠然とした目標からブレイクダウンして解決策を見つける「分解思考」については、前著『小さく分けて考える』で詳しく解説しています。本書のテーマ「厚利少売」でもかなり使える思考法ですので、まだの方はぜひご一読ください。

よくある「値付けの間違い」3選

薄利多売型のビジネス思考だと、「価格は平均や相場に合わせるのが普通」だと考えてしまいます。ですが、そうやって価格について思考停止になっている限り、厚利少売は実現できません。

ここでは価格設定の際に間違いがちな考え方を3つ紹介します。

①「原価」から逆算する

材料費、家賃、人件費、システム費など商品やサービスを生産・提供するためにかかる費用を計算し、そこから「これくらいの利益がほしいから、原価にこれくらい上乗せして、価格はこれくらいにしよう」と考えているケースは多いと思います。あるいは業界的に、過去の慣習をそのまま継続している企業もあるかもしれません。

でも厚利少売においては、原価から価格を決める習慣を捨ててください。

原価1000円の商品があったとして、買ってくれた人に大きな変化を与えられるなら、10万円でも20万円でもいいのです。**「原価」ではなく「提供する価値の大きさ」で価格を決めるようにしましょう。**

②同業他社よりも少し安くする

「A社は1万円で売っているから、うちは9000円にしたら売れるのでは?」という考え方はまだまだ残っていますが、典型的な薄利多売思考です。

そもそも厚利少売のビジネスは独自性があることが大前提なので、同業他社と比較して価格を決めるという発想はありません。もし同業他社の価格を参考にしなければならない状況なら、それはプロダクト設計(本質価値の見極め)に問題があります。

③ネガティブな外的要因でしか値上げをしない

最近の資源価格の高騰や円安によって、さまざまな業界が値上げをしています。

その値上げを否定するつもりはないのですが、厚利少売において値上げをするタイミングはネガティブな外的要因だけでなく、**「より認知度が高まって需要が増えた」「さらなる価値提供ができるようになった」**などポジティブな外的要因、または内的要**因によって行うもの**です。

＊

ここまでお読みいただいた人なら気づいいたと思いますが、これら3つの間違いすべてにおいて、**「価値は相手の変化量」**という考え方が抜けています。

本質価値を見極め、その提供によって相手に変化をもたらせていれば、業界の慣習や競合比較ではなく、もっと価格に対して柔軟に考えられるようになります。

その一例を紹介しましょう。

『「価格上昇」時代のマーケティング』という本には、さまざまな企業の値付けの工夫が掲載されていて面白いのですが、ここで紹介するのは山形県の和菓子店「出羽の恵みかすり家本店」の事例です。

この和菓子店が扱っている商品に、「幸せの一生（一升）どらやき」があります。価格はなんと9780円（2023年11月時点）！　普通のどらやきが200円だと考えると約50倍の価格です。その主な理由は、1・8キロというサイズにあります。このどらやきは、誕生日や結婚式、就職・試験合格など祝い事で買われているため、「プレゼント商品」としての需要があるそうです。

単に「おいしく食べる」だけでなく、「楽しさ」や「体験」を生み出すことが本質価値になったため、高単価でも買ってもらえるということです。

もう1つ興味深いのが「値上げ」です。

前述の本は2022年9月に出版され、そのなかでの価格は「5280円」、そして「現在、1000円アップの6280円バージョンを準備中」と書かれています。この本の執筆時点で9780円ということは、1年半も経たないうちに倍近い値上げをしていることになります。物価高の影響もあると思いますが、「楽しさ」や「体験」といった提供価値から考えたうえでの値上げなのではと推測します。

高い値付けも、値上げも、価値を提供できていれば堂々としていいのです。

増え続ける「シン富裕層」の実態

「単価を上げればいい」とお伝えすると、こう疑問を抱く人がいます。

「そんなに高くして買ってくれる人はいるの?」

その気持ちもわかります。ふだん3000円のアクセサリーを売っているとして、3万円、ましてや30万円で買ってくれる人なんて、本当に世の中に存在するのか、いたとしても自分のお客さんになるのか、甚だ疑問ですよね。

でも厚利少売をするときは、「いまのお客さんに売らなきゃいけない」という思い込みを捨てることが大切です。

言い換えると、いまのお客さんを中心に考えている限り、高く売ることはできないということ。これは前述の僕の体験談からもわかると思います。

もちろん、３０００円の商品を買ってくれているお客さんが３万円の新商品を買ってくれたり、30万円のサービスを買ってくれているクライアントが３００万円の新サービスを買ってくれたりする可能性もゼロとはいえません。

ですが「10〜30％程度」の値上げならともかく、数倍、数十倍も高いものを買ってくれる人（企業）を、既存のお客さんから見つけるのは至難の業です。

また、第2章で本質価値についてお話ししましたが、本質価値を考えるときに「いまのお客さん」に固執して考えてしまうと、視界が限定されてしまい、新たな本質価値を見つけにくくなってしまいます。

需要の見つけ方は第4章で解説しますが、まずは「いまのお客さんを一旦忘れる」くらいの気持ちで価格を考えてみてください。

富裕と貧困、加速する「日本の二極化」

メディアやSNSでは毎日のように「貧困問題」が取り上げられているため、「日本はオワコン」「困窮している人があふれている」と感じてしまいがちです。

それも事実ではあるものの、じつはお金持ちも増えているのをご存じでしょうか。

野村総合研究所の調査結果（2021年）によると、「富裕層（純金融資産保有額が1億円以上5億円未満）」と「超富裕層（同5億円以上）」を合わせると149万世帯になり、**2005年以降最多**となりました。富裕層と超富裕層を合計すると、全体の2・7%を占めます。37世帯に1世帯なので、**クラスに1人は富裕層がいる**イメージです。

特に最近注目を集めているのが、**「シン富裕層」**と呼ばれる人たち。

〔 純金融資産保有額の階層別に見た保有資産規模と世帯数 〕

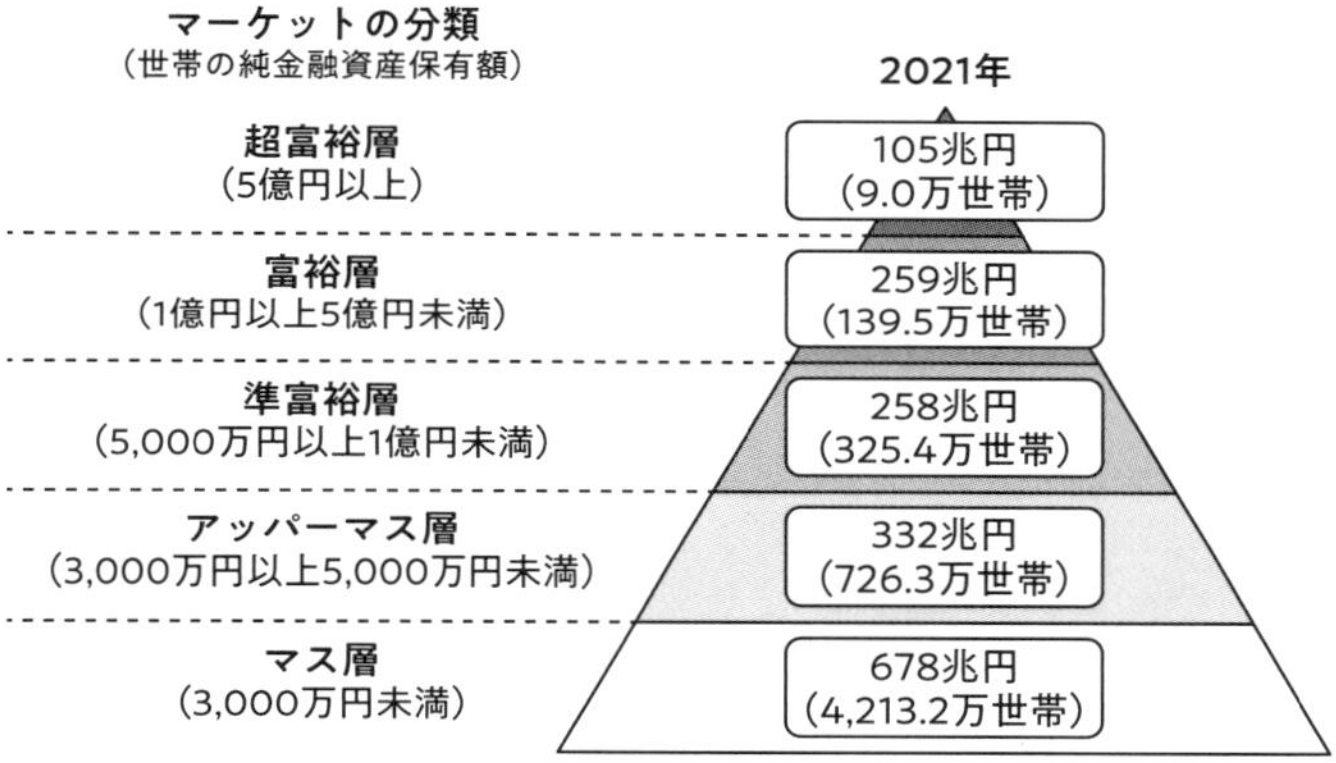

出典：国税庁、総務省、厚生労働省、国立社会保障・人口問題研究所、東証、NRIなどのデータをもとに作成

これまで富裕層といえば、医師や弁護士、芸能人、スポーツ選手、中小企業のオーナー、大企業の同族経営者、親から資産を相続した人などでした。

それがシン富裕層になると、**一代で富を築き、5億〜30億円の資産を保有している30代、40代**がメインになります。

資産運用コンサルタントの大森健史さんは、著書『日本のシン富裕層』のなかで、最近の富裕層について以下の5つに分類しています。

①ビジネスオーナー型

シン富裕層のなかではやや古いタイプ。自分の実力で企業を経営してきた。不動産投資をするタイプが多い。自分自身はあまり目立ちたくないタイプが多い。

②資本投資型

開業医や一流企業勤めのサラリーマンなどが、世間一般の平均よりも高い給与を元手に、株式や不動産、最近では暗号資産投資で増やしていくシン富裕層。

③ネット情報ビジネス型

インターネットを活用し、株式投資や情報商材、動画配信などの分野にいち早く飛び込み稼いできた、ファーストペンギンタイプのシン富裕層。

④暗号資産ドリーム型

暗号資産で、数億円から数百億円規模の巨額の資産を手にした人々。暗号資産が乱高下しても、一切売却することなく持ち続ける忍耐力があるシン富裕層。

⑤相続型

親などの親族から、土地・不動産・金融資産を受け継いだ古いタイプの富裕層。

*

こうした「シン富裕層」が増えているということは、**それだけチャンスも増えているる**ことを意味します。

そう。**高くても買ってくれる人はいるのです。**

「高い」と言われたら、どう言い返す？

いざ単価を高く設定しようとなったとき、99％の人が不安に思うことがあります。

それは、**「高いって言われたら、どうしよう」**です。

これまで3000円で販売していた商品を3万円にする、相場10万円のサービスを100万円にする……たしかにお客さんから「高い」と言われそうですよね。


これは僕自身例外ではなく、時給30万円で起業した当初は、ほぼすべてのクライアント（候補含め）から「高いですね」と驚かれました。相場より高額なのである程度予想していたものの、いざ言われると少しドキッとしていました。

でもそんなとき、僕は決まってこう答えていました。

なるほど、わかりました。

1時間30万円の月4回で120万円、年間だと1440万円が「高い」と思ってしまうような小さいプロジェクトをご一緒するなら、僕である必要はないと思います。

僕は企業の10倍成長を支援するのが仕事で、いただいた対価以上の結果を出すために徹底的にコミットしています。

もし年間1440万円以上の利益アップを期待されていないようでしたら、申し訳ありませんが、こちらからお断りさせていただきます。


たとえ優秀な経営者でも、「同じ能力なら安いほうにお願いしたい」「この人を雇うといくらかかるのか」と考えてしまうものです。まさに53ページで紹介した「売上脳」的な発想であり、典型的な薄利多売の思考です。

でも、**提供する価値を「利益」として伝えると、相手も「利益脳」に変わります。**

「この人はいくらかかるか」ではなく、
「この人はいくら利益を生み出してくれるのか」という思考に切り替わるのです。

「高い」と言われるということは、その相手はあなたを「コスト」として判断しています。一方で、そもそも価格の話まで進んでいるなら、すでにその相手はあなたの提供する商品・サービスに関心をもっているということ。「変わりたい」という意志はあるわけです。

であれば、**その変化量が価格以上になることを説明**してあげれば、価格が理由で断られることは基本ないのです。**「コスト」ではなく「投資」として考えてもらう**ということですね。

また、僕が広告代理店にいたときは、業界では当たり前だった値引きを一切しませんでした。利益を削ると優秀な人材をアサインできず、お客さんへの価値に還元できないからです。

「御社にとって広告代理店に依頼する目的（ゴール）は、安価に発注して広告費を削減することではなく、広告によって売上や利益を伸ばすことです。値引きをすることで目的から遠ざかるのなら、それは本末転倒ではないでしょうか」――そうした説明を自信をもってすることで、みなさん理解してくださいました。

「高い」と思われるのは一時的

こうした説明では、「自分は価格以上の価値を提供します」という覚悟の表明も求められます。

たとえば僕の場合、「いまの10倍以上の利益を出してもらう」ことを価値としていますが、最初はもちろん実績がなかったわけです。それでも僕の言葉を信じてくれた人がいてくれたからこそ、いまにつながっています。

じゃあその依頼してくれた人は、なぜ実績がない僕に依頼したのか？

それは、「対価以上の価値を絶対出す」という僕の仕事のスタンスを知っていたのと同時に、強い覚悟を感じたからです（これは本人から聞いたことなので間違いありません）。

誰しも最初は高い値付けに躊躇しますが、**「本質価値によって相手に訪れる変化量」と「責任をもって提供すること」を伝えれば、買ってくれる相手が１人（１社）は必ず見つかります。**

その相手にしっかり価値提供していけば、かつて「高い」と言われていた価格は「当然のもの」として、少しずつ世の中に出回っていきます。

19世紀ロシアの文豪ドストエフスキーの格言「人はどんなことにでも慣れる存在だ」のとおりで、**「高い」と思うのは自分も相手も一時的なのです。**

第4章

価格の壁を乗り越える「需要」の見つけ方

「需要の見極め」を制するものがビジネスを制す

久しぶりのクイズです。

第1章で紹介した「高く売るために必要な『4つの基本原則』」とはなんだったでしょうか？　10秒で答えてください。

……はい、時間ぎれです。即答できなかった人は、もう一度第1章を読み直してくださいね。

改めてお伝えすると、厚利少売における「4つの基本原則」はこちらでした。

1　提供する価値に責任をもつ
2　供給量をしぼる
3　「売上脳」ではなく「利益脳」
4　異常値になる

このうち「2　供給量をしぼる」を掘り下げていくのが本章の役割です。

おさらいすると、**供給量を増やせる状況であっても、「あえてしぼる」**ということでしたね。

一例を挙げると、京都にある国産牛ステーキ丼専門店・佰食屋は、1日100食限定・営業時間3時間半（11〜14時半）という極めて供給量をしぼったビジネスモデルで飲食業界の常識を覆し、メディアなどでも話題になりました。

この独自スタイルにより、「従業員の退勤時間は17時台」「フードロスほぼゼロ化で経費削減」「売上至上主義からの解放」など、さまざまなメリットがあったと言います。

またすでにお伝えしているように、僕自身も経営アドバイザーとしてのクライアント数は「10社まで」にしています。

いきなり供給するのはＮＧ！

供給量をしぼるためには、需要を正確に把握しなければなりません。

需要を気にしないで生産した商品・サービスは、売れ残るリスクが非常に高いでしょう。そうなると、お店や倉庫の賃料、人件費、サイト制作費やシステム維持費など、余計なコストが発生します。

その結果、価格を下げたり広告費を投じたりして、なんとか売ろうとするわけですが、そうなると周りからも「不要なものを押しつけている」と思われ、イメージも悪化します。なにより利益は微々たるもの、それどころか赤字になる可能性も高いです（ザ・薄利多売ですね）。

ビジネス書やSNSを見ていると、「いち早く行動した人間こそ成功できる」という主張が声高に叫ばれています。たしかにビジネスは始めてみてわかることばかりなので、早めに行動に移すこと自体は大賛成です。

でもだからといって、**「なにも考えなくていい」というわけではありません。**

需要が不明確なまま、コストがかかるビジネスを始めてはいけないのです。

たとえば、インフルエンサーに「行動が大事」とそそのかされて、わけもわからず高額セミナーに通ったり、高額商材を買ってしまったりするパターン。

たしかに行動してはいるものの、「ここに通えばうまくいきそうだな」「誰かよいお客さんが見つかるかもな」といった思考停止・他責思考の状態でいると、いくらお金をかけても無駄な行動に終わります。

繰り返しますが、僕は「行動すること」を否定するつもりは一切ありません。

でも、**行動するときには必ず「自分なりの仮説」を立てるようにしてください。**

外れても全然問題ありません。むしろ次につながる最高のデータになります。

自分で仮説を立てる習慣をつくらないと、うまくいっても理由を検証できず、学びや改善の機会を見逃すことになります。

早い話、成長スピードがまったく変わってくるのです。

需要を見極める4ステップ①
お客さんの解像度を上げる

厚利少売は「高くても買ってくれる相手」を見つけなければ成立しません。
といってもがむしゃらに行動するのではなく、次の4ステップを軸に試行錯誤を重ねるのが効率的でおすすめです。

ステップ1　お客さんの解像度を上げる
ステップ2　候補を見つけ、さらに解像度を上げる
ステップ3　勇気を出して提供してみる
ステップ4　「相手の変化量」を聞く

1つずつ見ていきましょう。

まずは、ステップ1**「お客さんの解像度を上げる」**です。

解像度とは、わかりやすくいうと**「ふわっと感」**のこと。

「言いたいことはわかるけど、なんかふわっとしてるよね」……こんなことを言われた（言った）経験ないでしょうか。

まさにこの「わかるようでわからない、ふわっとした感じ」は、解像度の低さを象徴しています。

解像度が低いときは、以下のような症状が出やすいです。当てはまる人は意外と多いのではないでしょうか。

解像度が高い人と低い人の違い

解像度が高い人

- 話が明確かつ簡潔
- 話が具体的
- 多くの事例を知っている
- さまざまな可能性を考慮している
- 洞察がユニーク
- これからやることの布石が明確

解像度が低い人

- 話を聞いていると、疑問が湧いてくる
- 具体性がなく、ふわっとしている
- 競合や事例を知らない
- 解決策が安易
- 話がバラバラで、理論の飛躍がある
- 進め方の見通しがない

出典：馬田隆明著『解像度を上げる』（英治出版）をもとに作成

・**視野が限定的になる**

業界の常識や既存のお客さんを軸に考えているので、新たな競合やターゲットの可能性を考慮できていない

・**解決策が短絡的になる**

「結局、男はみんな金と女がほしいんだから、その両方が手に入ることを一番強く打ち出すべき」など固定観念で解決策を決めてしまう

・**ターゲットとアウトプットが一致していない**

「ダイエットに失敗してきた人」を対象にしたサービスなのに、ＳＮＳでの告知やサービス紹介の内容が「ダイエット超初心者向け」になっているなど、ターゲット設定とアウトプットに一貫性がない

・**中長期的な視点がない**
その行動をしたことによる結果をまったく考慮していないので、「いいからやってみよう」と半ば投げやりになる、あるいは目先の数字ばかりにとらわれて改善点を考えない

このようなサインが出たら解像度が低くなっています。

「お客さんの価値基準」を掘り下げる

「あなたのビジネスでは、どんな人がターゲットですか？」

こう質問をすると、多くの人が「中小企業の経営者」「30代から50代の女性」「年商10

億から50億円のＢｔｏＢ企業」などと答えます。

これは間違いではありませんが、厚利少売をするうえでは解像度が低いです。

ポイントは「どんな変化を求めているのか？」、つまり〝お客さんの価値基準〟です。

同じ「40、50代男性」でも、家族との時間を増やしたい人もいれば、仕事で結果を出したい人もいます。これは同じ人であっても、時期や自身の精神状態などによっても変化するでしょう。

お金、地位や名声、成長、社員の幸せ、健康、家族との時間――。このあたりの順位づけは人によって異なるわけです。

なので、**まずは「ターゲットとする人（企業）が、どんな変化を求めているのか」をアウトプットしましょう。**紙に書き出してもいいですし、スマホにメモするのでもいいです。**この段階では、予想や希望が含まれていて問題ありません。**

また個人向けビジネスであれば、年齢や性別、年収（資産）、過去の経歴、趣味、コンプレックスなども思いつくだけ挙げていきます。こうすればお客さんの解像度はかなり上がるはずです。

ちなみに僕は独立後、ラグジュアリーブランドの仕事にも携わりたいと思うようになり、一時期かなりのお金をトップブランドの商品・サービスに投資しました。その経験から、富裕層の人がなにを求め、なにに価値を見いだしているのかがわかるようになりました。

その仕事をしたかったら、相手が認めてくれる人間になれるよう成長する。

この姿勢も、厚利少売においてとても重要です。

「困っている人」を探す

以前、高級スポーツブランドの広報チームと話をしていたら、「困っている人を探しているんですけど、誰か知っていますか?」と聞かれました。どうやら「困っている人ほどありがたい」のだそうです。

なぜ、このスポーツブランドは、困っている人を探しているのでしょうか。

答えは、**「困っている人ほど、助けたときの変化量が大きくなり、一生ファンでいてくれるから」**。そう言われると、なるほどと思いますよね。

たとえば、プロサッカー選手をめざしている子どもがいたとします。残念なことにある日、事故にあって大きな手術を受けることに。当然、本人としては不安です。

でも、もしその子のもとに、大好きなサッカー選手が来たら……? 大喜びで写真を何枚も撮るでしょう。サイン入りのユニフォームやボールをもらえるかもしれません。「きみなら頑張れる!」と言われたら、きっと手術に対しても前向きになれますよね。そしてその子は選手だけでなく、ブランドに対しても感謝するはずです。

さらに、その子はずっとそのブランドのアイテムを身に着け続けるでしょう。プロサッカー選手になったら、スポンサーになってほしいと思うでしょう。そして、そのストーリーをＳＮＳで拡散したら、その感動はより多くの人に伝播していくでしょう。

このスポーツブランドは「どんな人でも助けられる」という自分たちの価値提供に絶対的な自信があるからこそ、困っている人を探していたのです。

もう1つ、この話から大切なことがわかります。

それは、**提供するものが定まっていないなら、「困っている人」を見つけて、そこから自分ができることを逆算して見つける**という方法もあること。

商売の本質は「困っている人を助ける」です。

「自分がこうしたい」よりも「この人たちを助けたい」と思えると、相手目線での価値提供になりますし、仲間やファンも増えやすいので持続可能性が高まります。

考えてみよう！

高級マッサージ店の顧客はどこにいる？

ここで1つ、需要について掘り下げて考えてみましょう。
ぜひみなさんも一緒に考えてみてください。

あなたは現在、1時間5000円のマッサージ店を経営しており、これから厚利少売に切り替えようと思っています。
単価を5000円から10万円に上げる場合、どんな層にアプローチすればいいでしょうか？

【制限時間3分】

さて、どうでしょう。

正解はいくつもあると思いますが、どんな人がターゲットになりそうでしょうか。

僕がこのマッサージ店の経営者なら、まず「1時間10万円のマッサージを買える人」の解像度を上げます。たとえば、次のような感じです。

・年収2000万円以上、あるいはパートナーの年収が高い
・都心部の一等地に住み、お金に余裕がある
・美容や健康、食事などの意識が高い
・購入したブランドものや、一流サービスの体験をSNSによく投稿している
・気に入ったものなら、高くてもお金を払う
・年齢は30～50代（ここではイメージしやすいよう女性にしぼって考えてみます）

この時点で「どんな人がターゲットになりそうか？」という問いに対する回答はある程度出ているのですが、もう一歩踏み込んで解像度を上げてみましょう。

まず、こうした属性の人たちが、**「どんなときに1時間10万円のマッサージに行くのか」**を考えます。

毎日行く人はほぼいないでしょう。おそらく数カ月、または年1回くらいの「特別な日」だと考えられます。「特別な日」であれば、10万円のマッサージを買ってくれる可能性は十分にありそうです。

では、「特別な日」とは、いつか？

パッと思いつくのは、誕生日、結婚記念日などの記念日です。あるいは友人や家族などの大切な人と久しぶりに会う日かもしれません。いずれにせよ、かなり珍しいイベントであることには間違いないでしょう。

では、そんな「特別な日」に、どこでなにをするのか？

いろいろ考えられますが、「食事」と「写真」はほぼ含まれるでしょう。どこに行こうとも食事はするでしょうし、写真を撮るはずです。

では、ここからもう一歩踏み込んで考えてみます。

食事に行くなら、どんなお店か？

お金持ちが特別な日に行くのだとしたら、かなりの確率で高級レストランでしょう。

ここではミシュランの星付きレストランだと仮定します。

ここまでで、次のシチュエーションが想定できました。

- 誕生日、結婚記念日などの珍しいイベントがある
- ミシュランの星付きレストランで食事をする
- 写真を撮る

それでは、前に挙げた属性の人たちが、このシチュエーションのときに、どうし

たら1時間10万円のマッサージを受けたくなるでしょうか？

僕が思いついた案は、次のとおりです。

①「ヘアメイク」を提供する

マッサージ後にレストランに向かう場合、ヘアメイクがサービスに入っていたらお客さんとしてはうれしいはずです。

②「小顔効果」を押し出す

リンパの流れを良くして顔痩せできれば、マッサージを終えたあとも気分が上がった状態でお店に向かうことができます。

③送迎する

特別な日ということは、ドレスやヒールなど歩きづらい服装の可能性も十分にあります。また、「汗をかきたくない」「のんびり現地まで送ってもらいたい」というニーズもあるでしょう。たとえば高級リムジンで送迎したら、写真映えもしますし喜ばれそうです。

④現地で撮影をする

食事中は難しいかもしれませんが、会場で大切な人との写真を撮って、そのデータをプレゼントしたら喜ばれそうです。

⑤「お二人様歓迎」にする

特別な日には、必ず相手がいるはずです。友人、パートナー、両親など自分以外の人も誘って行きやすい店舗設計にします。

＊

このように「連想ゲーム」感覚で掘り下げていくわけです。

大切なのは、**業界の常識で考えないこと。**第2章でお伝えしたように、ターゲットとする人たちが「施術の技術力」以外に求めているものを考えるのです。

マッサージ業界で高いお金を払っている人がイメージしにくいなら、**別の業界で考えましょう。**

たとえば「マッサージ」のなかでも、ブライダルエステ、ラグジュアリーホテルなど、「10万円は当たり前」の近い業界はあります。そこから「自分のビジネスの本質価値にできないか？」という視点で考えていくのです。

需要を見極める4ステップ②
候補を見つけ、さらに解像度を上げる

2つめのステップは、「候補を見つけ、さらに解像度を上げる」です。

ここからはみなさんの苦手科目「行動」がマストになります。

言い換えると、**厚利少売を実現する人と実現できない人の差が生まれるのは、このフェーズからになります。**

少しの勇気は必要ですが、行動したところで失うものは、少しの時間とプライドだけのはず（失礼！）。人生一度きりですので、せっかく本書をここまで読み進めていただいたなら、ぜひアクションにつなげてください。

ターゲットになる人を20人フォローする

まずはステップ1で解像度を上げた「お客さん」に近い人をSNSで探しましょう。

X（旧Twitter）、Instagram、TikTok、facebookなどさまざまありますが、価値を提供したい人が多そうなものを選んでいただいて構いません。

どのSNSを活用するのか決めていないなら、利用者数やコミュニケーションのとりやすさ、投稿のしやすさなどの観点から、XかInstagramを基本とするのがよいと思います。

ターゲットを探すときは、まずキーワードやハッシュタグで検索するという方法もありますが、**特定の人から枝分かれさせていくのが効率面ではおすすめです。**

たとえば、「自分の商品（サービス）を買ってもらいたい」という人のフォロワーやフォローしている人を見ていき、ターゲットになりそうな人を見つけていきます。さらに、その人のフォロワーやフォローしている人を確認し……という具合に、枝分かれ式に見つけていくわけです。

Xであれば、**「ツイプロ」**というツールを活用する方法もあります（次ページ図）。ツイプロはXユーザーのプロフィールを検索できる無料サービスです。キーワード検索も可能ですし、「住んでいる地域」「年齢」「職業」「趣味」でしぼり込むことも可能です。

また、Xではプロフィールの文字数上限が160文字なのですが、ツイプロを使えば最大2000文字まで書くことができます。このプロフィールも検索対象になるので、自己紹介を長めに書きたい人は利用してもいいかもしれません。

フォローする人の数は、20人が目安です。20人いればターゲット層の人たちがなにを求め、なにを嫌がるのかが概ねわかるようになります。

〔 お客さんを探せるツール活用の例 〕

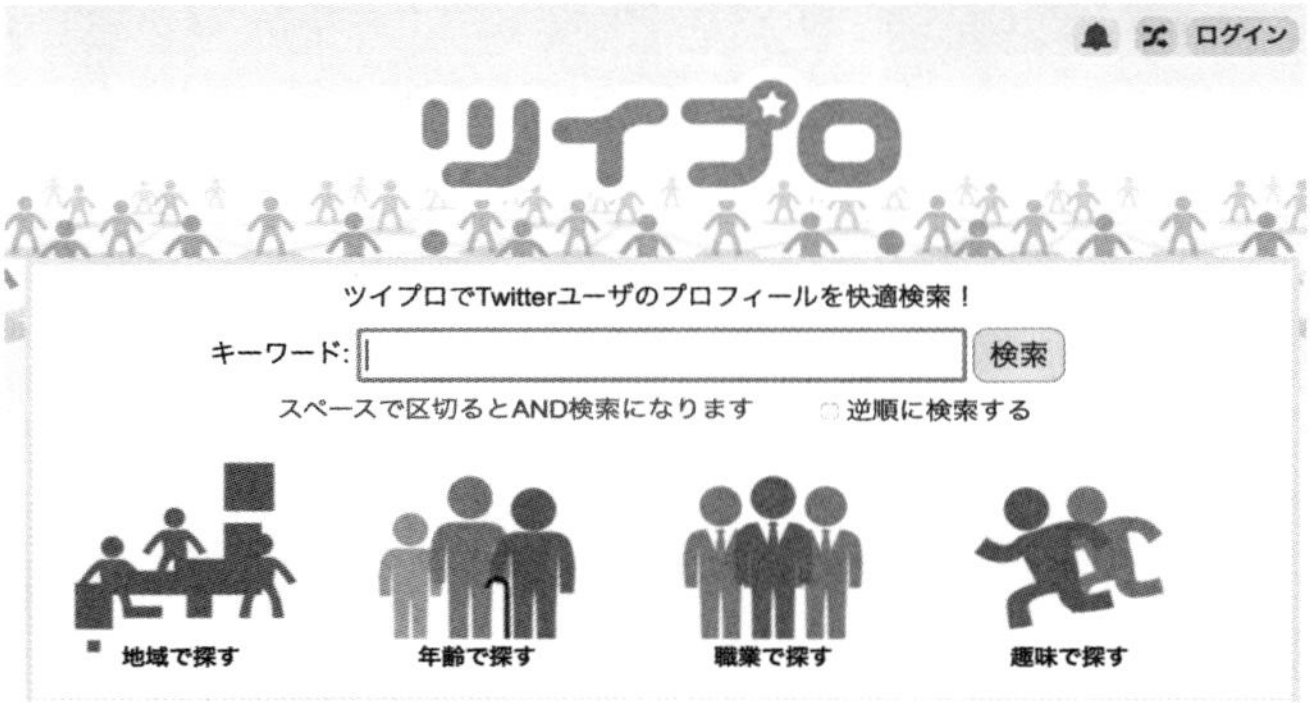

https://twpro.jp/doc/about

フォローする人を選ぶときの基準をまとめました。すべてを満たしている必要はありませんが、参考にしてください。

・実名もしくは顔出しをしている
・なにをしている人なのかが明確
・ネガティブな発言が少なく、相談しやすそう
・DM（ダイレクトメッセージ）を解放している
・投稿頻度が高い

また、できれば毎日隙間時間に確認

するようにして、「いいね」などリアクションをして、相手に自分の存在を知ってもらえるアクションをするとグッドです。

もし観察するなかで「自分が提供する価値を求めていなそうだな」「ちょっと危なそうな人だから近づかないほうがよさそう」などと感じたら、フォローを外して別の人を見つけましょう。

リサーチを続けていくと、提供する商品・サービスの改善点や、ＳＮＳ発信の方向性も少しずつ見えてくるはずです。

- ・本質価値（第２章）はこっちなのかも
- ・自分もこのテーマで発信してみよう！
- ・この人（会社）が競合になりそうだな
- ・私のプロフィールにも、この言葉を入れるべきだな
- ・この打ち出しをすれば差別化ができそう

こうした「仮説↓行動」を2、3週間繰り返していくと、お客さんの価値基準の解像度が上がるとともに、商品設計もかなりかたまってきます。

なお、SNSなどで発信する際の注意点は第5章で解説しています。ここに書かれているポイントをおさえたうえで活用するようにしましょう。

需要を見極める4ステップ③
勇気を出して提供してみる

さて、いよいよ最難関フェーズです。

ここで9割の人が脱落しますが、行動に移せた人は厚利少売がぐっと近づきます。

まず、前のステップでフォローしている20人のうち、声のかけやすそうな人からで構いませんので、コンタクトをとりましょう。

最初は「いつも○○さんの投稿を見て勉強させていただいています。ありがとうございます」といった感謝の言葉を伝え、そこから本題に移ります。

たとえば、次のようなイメージです（文章は相手やシチュエーションに合わせて変更してください）。

「現在私の会社で、××というサービスを開発中です。対象がまさに◯◯さんのように採用に力を入れている経営者の方々なのですが、ぜひ一度使っていただき、感想をお聞かせいただけないでしょうか」

無料でもいいので、まずは使ってもらう

このフェーズでの目標は「利益を得ること」ではなく、「需要を正しく見極めるために、使ってもらって感想を得ること」です。

そのため、割引したり、場合によっては無料にしたりするのは問題ありません。

ただし割引する際には、次の2つを守るようにしてください。

①「定価」を伝える

「この商品は30万円で販売するのですが、今回は3万円でご提供します」というように、定価を伝えることが大切です。

これをしないと、そのお客さんが継続することになった際にも、定価に戻しにくくなります。また、定価を伝えることで「そこまで安くしてくれるなら買ってみよう」と思ってもらえる確率も上がります。

②価値提供にコミットすることを伝える

割引するからといって、商品やサービスを提供するなら全力でお客さんに向き合い、価値を感じてもらわなければなりません。その覚悟と気持ちを、自分の胸にしまっておくのではなく、言葉にして伝えましょう。

＊

こうして無事、相手から承諾を得たら提供を始めます。ひとまずあなたの提供している商品やサービスになんらかの期待をもってもらえていることは間違いないでしょう。

ただし、**ここでうれしくなって「次のお客さんを見つけよう」となってしまうのはNG。**ここまで繰り返してきたように、厚利少売では「供給量をしぼる」ことが原則です。

しかもこのフェーズでは需要も正確に把握できていないはずなので、お金や時間などのリソースを投下しすぎると、軌道修正がしにくくなってしまいます。

1人ずつ丁寧に対応していき、出口が見えた段階で次のお客さんにアプローチしていくようにしましょう。

また次のステップにつながる話ですが、**この段階で「利用したあとに感想を聞かせてほしい」という旨を伝えておきましょう。**こうすることで相手もどんなフィードバックをすべきかを意識して利用してくれます。

加えて、必要に応じて「実績」や「お客さまの声」として情報掲載が可能かも打診しておくとベターです。

需要を見極める4ステップ④
「相手の変化量」を聞く

提供したあと、かなり多いのが「口頭でフィードバックをもらわない」ケース。

これはみなさんも消費者として普段から経験しているはずです。よほど素晴らしい（または悪質な）ケースでない限り、購入後に感想や改善点を売主に口頭で伝えることは珍しいですよね。

でも需要を見極める状況においては、**どんなにささいな意見でも聞き出す必要があります。**

- **提供した商品（サービス）を利用してみてどうだったか？**
- **競合よりも優れていると感じた点は？**

・利用中に困惑や迷った点、わからなかった点は？
・なにを改善すべきか？
・この商品（サービス）を友人や知人に推薦したいと思うか？

特に耳を傾けてほしいのが価値、すなわち**「相手の変化量」**です。

・提供前と提供後では、なにが変わったか？　なにが変わらなかったか？
・なぜ変わったと思うか？　もしくは、なぜ変わらなかったと思うか？

こうしたヒアリングで聞く内容は、正直耳が痛いものもあるので、「聞かずに済ませたい」という気持ちもよくわかります。

でもここを行動に移せない限り、正確な需要はわかりません。

というのも、**お客さん側も「質問されて改めて気づく価値」があるからです。**

「トゥルースリーパー」や「ワンダーコア」など数々のロングセラー商品を販売して

いるショップジャパンを運営する会社の取締役ハリー・A・ヒルさんは、著書『ロングセラーを呼ぶマーケティング』のなかで、「ビフォー・アフター・アフター」の重要性を説いています。

通常の「ビフォー・アフター」は、たとえば「やせたい→やせた」というところで終わりです。

一方の「ビフォー・アフター・アフター」は、「やせたい→やせた→家族との関係が良好になった」というように、**本人も予測していない、ビフォー・アフターの先にある満たされた生活や幸せな未来**を指します。

ショップジャパンでは通販番組などのコンテンツを制作する際、この「ビフォー・アフター・アフター」の部分まで表現しているそうです。

勘の鋭い方なら気づかれたかもしれませんが、**「ビフォー・アフター・アフター」は厚利少売における「本質価値」とも言い換えられます。**

第2章で本質価値と付加価値の話をしましたが、付加価値は「1つめのアフター」、本質価値は「2つめの新たなアフター（アフター・アフター）」ともいえるでしょう。

こう言うと、「ダイエットを目的にしている人たちに対して、〝家族関係が良くなること〟を押し出しても、刺さる人は少数なのでは？」と思う人もいるかもしれません。

でも大切なことなので繰り返しますが、**厚利少売では「相手の変化量」が重要であり、供給量は少なくてよいのです。**

本質価値も「異常値」で問題ありません。むしろ、異常値でなければなりません。

つまり、「家族と仲が良くなれる」ことを前面に出したダイエット商品も、（そういう需要を確認できたのであれば）厚利少売のロジックとしては十分成立するわけです。

いかがでしたか？　ここまで「需要を見極める4ステップ」を解説してきましたが、**この4ステップを経て初めて本質価値が定まることも多々あります。**

そのため、このタイミングで本質価値を変更することは珍しいことではありません。

1人だけの声を鵜呑みにするのはおすすめしませんが、解像度が高くなったターゲット

〔付加価値と本質価値の一例〕

ダイエットの場合

ビフォー・アフター

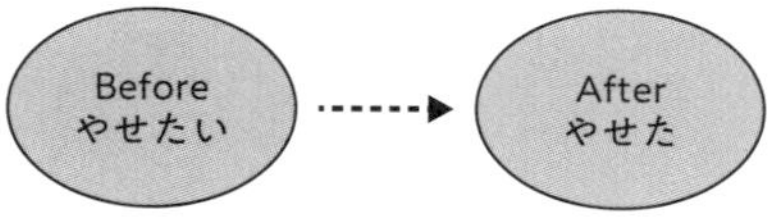

ビフォー・アフター・アフター

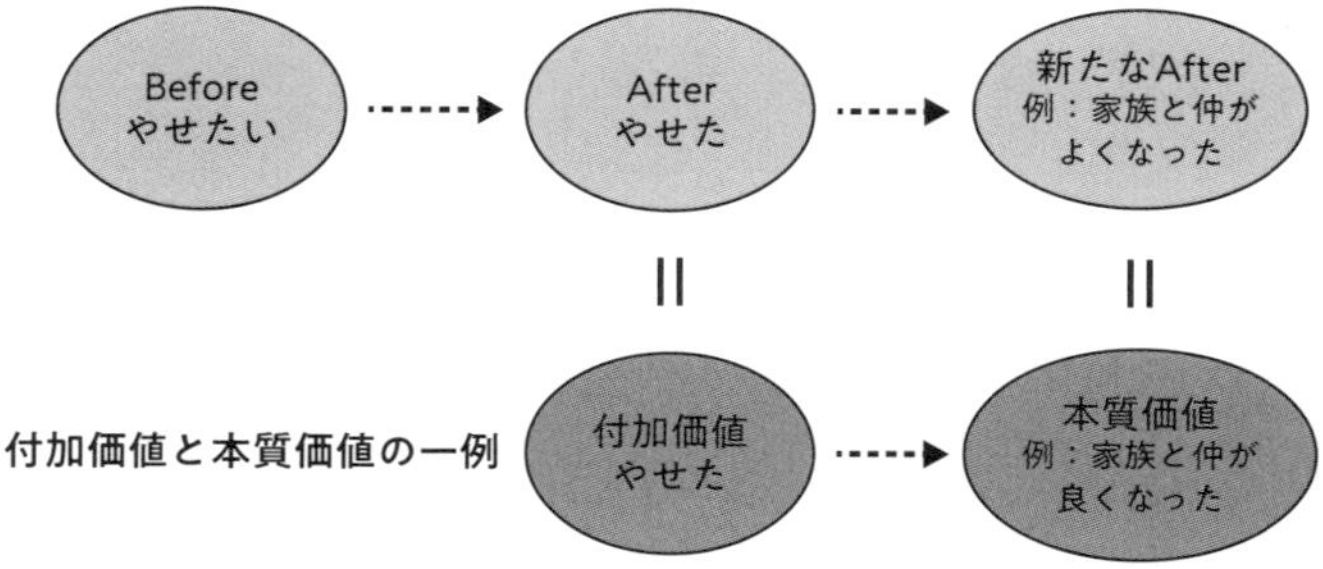

にアプローチして想定外の本質価値が見つかったのなら、まずはその新しい本質価値を別の人に提供してみる意義はあります。

もし反応が芳しくなければ、またヒアリングをして軌道修正をします。そして新たな人に価値を提供して意見を聞く……という具合に、ＰＤＣＡを回していきましょう。

それと並行して、次の章で解説する「コンテンツ・ＳＮＳ活用」で自動的に声がかかる仕組みをつくっていきます。

ちなみに、日本一給料が高く、営業利益率50％超を誇る高収益企業・キーエンスでも、同じようなＰＤＣＡを回しています。

キーエンスでは、新製品を開発する前に徹底して顧客のニーズを洗い出し、市場調査を行って仮説を立て、顧客に「こんなものをつくったら、買っていただけますか？」「御社のこの問題を解決するために役立つと思うのですが、いかがでしょうか？」と、直接聞きに行くそうです。

ここで紹介した４ステップと通ずる部分があるのがおわかりいただけると思います。

お客さんは「選ぶもの」でもある

日本では「お客さまは神さま」という考え方がいまだ強く残っています。
無茶なお願いをされても、休日や深夜に連絡をしてきても、こちらに非がなくても、神さまに接するように振る舞いなさい。お客さまがいなければ商売は成り立たないのだから——言葉にせずとも、こういう思考をもつ人はいると思います。

これ、厚利少売ではふさわしくない考え方です。

厚利少売では「提供する価値に責任をもつ」ことが原則です。価値は「相手の変化量」です。

相手に大きな変化をもたらさなければ、高い対価をもらうことはできませんし、もらってもいけません。

そして提供する商品・サービスや自身そのものが「異常値」となり、「供給量をしぼる」ことも厚利少売には欠かせません。

したがって、次の4つを満たす人（企業）がお客さんでないと、お互いに幸せになれませんし、厚利少売の持続可能性も格段に下がってしまうわけです。

①本気で変わりたいと思っている
②こちらのアドバイスどおりに行動してくれる
③異常値でも受け入れてくれる
④数少ない供給を、与えてあげたいと思える

どれか1つでも欠けていたら、厚利少売はうまくいきません。

170ページで「割引や無料にするのもOK」と言いましたが、その場合でもこの4

つの視点で判断することが大事です。

そして、**もし欠けている部分があったら、こちらから断ってください。**実際、僕も②が不十分なクライアントがいて、契約を打ち切りにした経験があります。

こちらから断るのは勇気が必要ですし、収入を得る機会を失うのでもったいないと思うかもしれません。

でもここを徹底できないと、相手に価値を感じてもらえず満足度も下がるので、**クレーマーになって「金返せ！」としつこく言われたり、悪い評判を広げられたりする可能性が高まります。**

こうなると、対応に多大な労力がかかりますし、他のお客さんに対するパフォーマンスが下がるかもしれません。負の連鎖に陥るリスクがあるのです。

厚利少売では、お客さんから選ばれるのと同じくらい、選ぶことも重要です。

「片思いではなく、両思いでなければならない」ということです。

ただしこの姿勢を貫いたとしても、お客さんとのミスマッチは完全に防げるわけではありません。これはどのビジネスでも同様です。いくら提供するものが素晴らしくても、「本物じゃなかった」と不満に感じる人は一定数います。

そういう意味で、**「経験を積んで、お客さんを見極める力を養おう」**という姿勢もまた重要といえるでしょう。

なお、特にサービス系のビジネスをする人は、契約をしっかり締結しましょう。法人なら大丈夫かと思いますが、個人事業主だと口約束で済ませてしまう人も多くいます。契約があれば問題が肥大化せずに済むケースがほとんどですので、いくら相手と良好な関係を築けていても締結するようにしてください。

第5章

需要を広げ、供給量を予測する「発信」の技法

「発信」には2つの役割がある

前章では「需要の見極め方」をお伝えしました。本章では、そこから踏み込んで**「発信」によって需要を広げていく方法**を解説します。

「需要を広げる」と聞くと「供給量も増やす」と思う人もいるかもしれませんが、その限りではありません。

たとえば、需要が100社程度ありそうな状況で、供給を20社にしぼったとします。その後、需要が500社くらいまで増えたら供給も増やしても問題ないですが、微々たる需要増加だったら供給量は据え置きにすべきでしょう。大切なのは**「需要＞供給」の関係**であり、需要が供給をより上回るほど価格も高く設定できます。

〔　「発信」の重要性　〕

第4章 需要を見極める

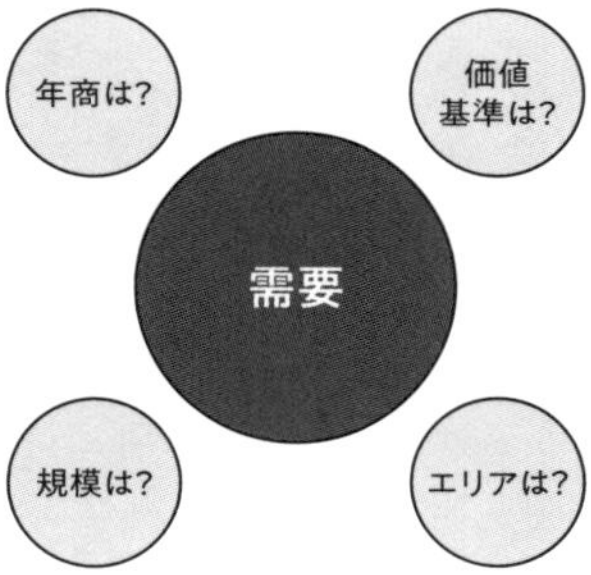

▼

第5章 需要に対して「発信」で認知を得て、拡大させる

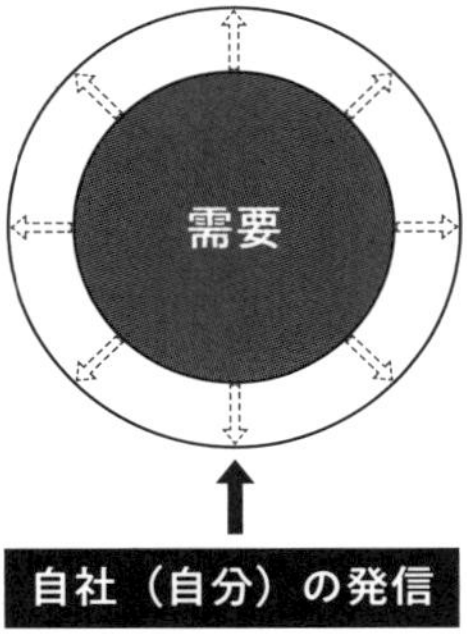

では、需要の数はどうやって予測すればいいのでしょうか。

じつは、それも「発信」なのです。

発信することで、「需要を広げる」のと同時に、「いくつくらい供給すべきか」の予測も立てられます。

発信と聞くと「認知度向上」を目的だと考えてしまいがちですが、「このテーマに関心がある人（企業）がどれだけいるか」ということを把握するのにも役立つのです。

たとえば出版業界では、発売数カ月前からＡｍａｚｏｎページを作成して情報を発信し、予約販売を開始するケースが珍しくありません。

もちろんこの段階では原稿は完成していませんし、なんならタイトルすら確定していないことがほとんどです。

にもかかわらずこの施策を行うのは、特にインフルエンサーなど影響力がある著者の場合、発売直後に大量の注文が入り、在庫ぎれになるリスクがあるためです。

書籍は印刷・製本・流通に2、3週間かかります。せっかく初速が良くても、在庫ぎれになってしまったら機会損失になってしまいます。そこで予約注文を受け付けることで、初版部数の目処を立て、発売直後の在庫ぎれを防ごうとしているわけです。

かつて発信といえば広告などコストがかかるもの、個人で発信するなら新聞の投稿欄やラジオ・テレビの公開電話など、非常に限定的でした。

でもいまは、SNSやnote、ブログ、YouTubeなど無料で簡単に発信できる時代です。こんな便利なものを使わない手はありません。

商品・サービスの価値は、黙っていても伝わりません。
人通りの多いところで人と違うことをする。

この考え方が厚利少売では大切です。

ただし、発信といっても「ＳＮＳやＹｏｕＴｕｂｅを絶対すべき」と言うつもりはありません。

ターゲットとする人たちが大手メディアで情報収集しているのなら、日経やニューズピックスなどで発信をしたほうがいいかもしれません。もしくは、本好きな人がターゲットに多いなら書籍を出すのが有効かもしれません。

ここでもやはり**「需要を見極めることが重要」**といえます。

「発信」で絶対知っておくべきこと

どんな企業であれ、個人であれ、厚利少売をしたいなら発信は必須です。

ただこう言うと、次のような人がいるかもしれません。

① 発信はしているけれど、フォロワー数が伸びていない
② 以前やったことがあるけど、反応がなくてやめてしまった
③ そもそもなにを発信すればいいかわからない

1つずつお答えしていきましょう。

まず①についてですが、大前提として、**厚利少売ではフォロワー数を増やす必要はありません。**

60ページで、厚利少売の大原則は、

「100万人に知ってもらう」ではなく、

「100人に〝絶対に必要だ〟と思ってもらう」こと。

このようにお伝えしましたね。


SNSなら「フォロワー数」、YouTubeなら「チャンネル登録者数」が、それぞれ重視されがちですが、大切なのはその「質」です。

匿名アカウントでもよければ、相互フォローし合ったりすれば、フォロワーは簡単に増やせますが、そんなことをしても高く売る相手は集まりません。

もちろん結果的に増える分にはいいわけですが、それはあくまで結果論。

マス（大多数）を狙うのではなく、少数でいいので自らの「異常値」に共感してくれる人を見つけるほうが厚利少売につながります。


次の「②以前やったことがあるけど、反応がなくてやめてしまった」と「③なにを発信すればいいかわからない」には、大きく3つの問題点が考えられます。

1つめは、**「需要」を見極められていない**こと。求めていない人にどれだけ発信し続けても効果は出ませんよね。これは第4章で解説しました。

2つめは、**ターゲットに伝わる発信ができていない**こと。これは第2章で解説した「本質価値」が曖昧なまま（あるいは、提供する価値を約束できていない）なのかもしれませんし、コンテンツ（文章や動画）自体が伝わるものになっていない可能性もあります。

後者に関してはノウハウがある程度確立しているので、書籍や動画などで学んでいただくとして、ここで強調したいのが**「キャラクター」**です。

164ページで「ターゲットになる人を20人フォローする」とお伝えしました。この20人の投稿を継続して見ていると、扱うテーマや文体（語り口）、フォロワーとのやりとりなど、たくさんの気づきがあるはずです。そこから学んだことを、1つの人格に集約していきます。そう。**発信用に新しいキャラクターをつくる**のです。

日本人には自分の意見や考えを伝えるのが苦手な人が多いですが、自分が言うのではなく、**「厚利少売のための別人格が話す」**イメージをもてると、発信のハードルはかなり下がるはずです。

3つめは、**継続していないこと。**発信は「始めれば、すぐに見てもらえる」ものではありません。半年、1年と続けてターゲットに少しずつ認知してもらえます。最初は手応えがないかもしれませんが、著名人を除き、誰もがその時期を経験しています。気長にコツコツやる姿勢も大切です。

とはいえ、**継続することが目的にならないよう注意してください。**

たとえば、毎日決まった時間に「おはよう」のあいさつとともに一言を添えて投稿するアカウントはたくさんありますが、厚利少売においては「相手が求めていること」を考え抜く姿勢が重要です。ターゲットとする人たちがそうした投稿をしておらず、かつ好まなそうなタイプなら、自分も避けるべきでしょう。

「全ＳＮＳをやってみる」はＮＧ

インフルエンサーのなかには、「発信するなら、あらゆる方法を試しましょう」と言う人がいます。

Ｘ、Ｉｎｓｔａｇｒａｍ、Ｆａｃｅｂｏｏｋ、ＴｉｋＴｏｋ、ＹｏｕＴｕｂｅ、ｎｏｔｅ……利用者数が多いプラットフォームにはアカウントを作成し、どれが伸びるかを試行錯誤するということです。

ただ、アカウント作成や投稿が無料で気軽にできたとしても、コンテンツ作成にはある程度の時間がかかります。特に慣れないうちはあれこれ考えてしまうので、時給換算してみると馬鹿にできない時間がかかっているかもしれません。

１４６ページでもお伝えしたように、行動することは大切ですが、そこには「仮説」を伴う必要があります。

まずは、需要を見極める際に使ったＳＮＳを起点に発信しましょう。そこで仮説検証を繰り返して、もし「このSNSだと不十分な部分があるな」と思ったとき、初めて次のプラットフォームを検討します。

たとえば、以下のようなイメージです。

・Xだけで発信してきたけど、長文で伝えたいことが出てきたのでnoteを使ってみる
・文章だけでなく画像の反響もよいので、Instagramを使ってみる
・長尺の講演動画が溜まってきたので、YouTubeも使ってみる

ポイントは、「軸足を決めたら、簡単に変えないこと」。

たとえば、Xに加えてInstagramを使う場合、「Xの投稿頻度は変えず、Instagramを増やしていく」ということです。この方法なら既存のユーザーとのつながりを維持できるので、おすすめです。

「アカウント名」と「プロフィール」で損をしないための注意点

ここでは、特に個人向けのX活用についてお伝えしましょう。

Xの場合、気になった投稿を見つけたら「投稿内容→アカウント名→プロフィール」という順番で確認する人が多いです。

このとき、たとえ内容が素晴らしくても、アカウント名が怪しかったり、プロフィールに情報商材や投資詐欺を感じさせることが書かれたりしていたら、それ以上投稿を見ようとしないものですし、その人には近寄らないようにしようと思うものです。

高くても買ってくれる人の場合、この視点がより厳しくなります。

詐欺や怪しい話がよく来ていて、「人を疑う習慣」が身についているからです。

これはみなさんも共感できるはず。名前も顔もなにをやっているのかもわからない人から高額な商品を買おうとは思わないですよね。「無料でも怖い」と感じる人も多いでしょう。

ですから、**厚利少売をしたいなら「実名・顔出しは必須」と考えてください。**

最近は名前や顔を出さずとも大金を稼いでいる人もいますが、その人たちは圧倒的に優れた知識、スキル、経験（バックグラウンド）、センスをもっているからであり、再現性はほぼありません。本書を読まずとも、すでに厚利少売ができるような人たちばかりです。

ほとんどの人には、差別化できる圧倒的な武器はありません。そうなると、**「いかに早い段階で安心感を与えられるか（＝責任をもっていることを示せるか）」**が重要になります。顔出しや実名はまさにそのベースとなるものです。

「みんなと同じ肩書き」「キラキラ肩書き」にしてはいけない理由

よくアカウント名やプロフィールに「デザイナー」「Ｗｅｂライター」「コンサルタント」と付けている人がいますが、これはおすすめできません。

「その肩書きを名乗れば、おこぼれがもらえるかもしれない」「業界の相場の報酬はもらえるだろう」という薄利多売の考え方だからです。

厚利少売では、自分が「異常値」であることを瞬時にわかってもらわなければなりません。

たとえば、ＷＯＲＤＳの竹村俊助さんは「顧問編集者」と名乗ることで、経営者向けに編集の仕事を提供していることをわかりやすく伝えています。初めて聞く言葉であっても、仕事のイメージがつかめるワーディングセンスは素晴らしいと思います。

僕自身、89ページでお伝えしたように、まだ日本では普及していなかった時代から

「アドバイザー」を名乗っています。

ただ、ここでの間違えがちなこととして、肩書きを面白くしてしまう人がいます。**ビジネス視点が抜けて、「言葉の響きがいい（キラキラしている）」といった理由で決めてしまうのです。**

たとえば、以下のイメージです。

・幸運を呼び込むビジネスライター
・宇宙級の収益コンサル
・0→1のロケット成長士
・ワクワクエステ収益講師

などなど、こうした肩書きはユニークではあるものの、高い単価の仕事を任せようとは思いづらいですよね。厚利少売における肩書きは**「独自性＋知的なイメージ」**が重要です。

では、どうすれば独自性があり、知的なイメージがする肩書きをつくれるのでしょうか。

おすすめは、**「かけ合わせ」と「言い換え」**です。

「かけ合わせ」は、スティーブ・ジョブズが「創造とは結びつけることである」と言っているように、新しい価値を生み出すのに有効な方法です。

また、担当した本が1000万部を超えるベストセラー編集者の柿内尚文さんは、著書のなかで**「奇跡の出会いが生まれるまで、それ（かけ合わせ）をひたすら続ける」**と書いていています。

「言い換え」は、文字どおりその言葉と類似する意味をもつ言葉を考えます。

たとえば、「経営コンサルタント」の新しい肩書きを考える場合、知的なイメージがする言葉をたくさん出してかけ合わせてみます。このとき「コンサルタント」の言い換えも挙げながら考えます。

・価値創造コンサルタント
・パーパス構築コンサルタント
・ことば発掘コンサルタント
・思考整理コンサルタント
・知的戦略家
・思考の構築家
・経営変革デザイナー
・知的戦略エキスパート
・意識変革コーチ

――このようにどんどん挙げていくと、わかりづらいものや、提供したい価値とは異なるものも出てきます。

でも**数を出していくうちに、「よい感じだな」と思うものも見つかるはずです。**ＣｈａｔＧＰＴなど生成ＡＩを使えば、いくらでも出してくれるので活用するのもいいでしょう（ちなみに、この案もＣｈａｔＧＰＴに出してもらいました）。

プロフィールには「過去」と「未来」を忘れずに

プロフィールは「肩書き」と同様、安心感を与え、責任感があることを示す役割を担います。

まず意識してほしいのが、**「自分がいまなにをしているのか」という現在の立ち位置。**肩書きだけで示せなかった部分をプロフィールで補強します。単に肩書き的なことだけでなく、**「自身の強み」「提供できる価値」を書くことも大切です。**

ただ「現在」だけ書くと、いまひとつ立体感に欠けます。「表側は立派だけど、じつはハリボテなんじゃないか」という感じがするわけです。

そこで大切になるのが「過去」と「未来」です。

過去とは、**「自分がこれまでなにをしてきたのか」という経歴・実績のこと。**「国内ITベンダー、ベンチャー2社を経て現職」など出身を簡潔に書いてもいいですし、「営業トップの成績をとって表彰」「マネージャーとして組織の成長に貢献」「1000人の生徒を指導」など**数字や権威づけとなる要素を織り交ぜて表現する**のもいいでしょう。

未来とは、**「自分がこれをめざしている」という目標地のこと。**キングコングの西野亮廣さんは著書『夢と金』のなかで、次のようなことを書いています。

――ファンをつくるには、客席がないとお客さんを入れられないように、「応援シロ」をつ

> くらなければならない。「応援シロ」の計算式は、「目的地－現在地」。つまり、現在地だけでなく目的地（私はあそこに行きたい！）をさらし続ける必要がある。

目的地を発信することは勇気が必要ですが、**「厚利少売の先に実現したい世界があり、そこに向かって進んでいます」という姿勢を見せることで、応援してくれる人が集まります。**

たとえ数人であったとしても、その力は大きな励ましになりますし、価値提供のさらなるモチベーションと責任につながるはずです。

「なにものでもない人」でも勝機はある

プロフィールや肩書きの話をすると、「自分は人に誇れることがない」「たいした経験を積んできていない」と言う人がいます。

でも、**それも1つの強みになります。**

たとえば、高校3年生の春まで遊びほうけて、学校はさぼり、ろくに勉強したこともなく、四則演算すら怪しい高校生が、一念発起して「現役で早稲田大学合格をめざします！」と言って、毎日の勉強の様子を発信したらどうでしょうか。

「勉強してこなかったやつが軽々しく早稲田なんて言うな！」と怒る人もいるかもしれませんが、応援したいと思う人はいるはずですよね。

これは年齢問わず同じです。

40歳まで専業主婦でビジネス経験がなかった人が、「ラグジュアリーブランドを立ち上げる！」という目的地を掲げて発信を続ければ、応援してくれる人は必ず見つかります。

ここからもわかるように、**「過去の経験・実績」を武器にできない人は、「目的地と現在地の差」を武器にすれば、応援してくれる人が集まります。**

もちろん、「利益を10倍に増やした」「延べ2万社に販売」など過去の経験・実績がある人は強いです。その安心感・説得力は、高く売るときの大きな武器になることは間違いありません。

ただ、そういう人しか厚利少売をできないかというと、まったくそんなこともないのです。

「インプット」と「アウトプット」を増やす

経験や実績がないなかで厚利少売をしたいなら、いかに「ビジネスの勘どころ」を**早くつかめるか**も大切なポイントになります。

・この人（企業）は信用に値するか？
・この人（企業）はどんな課題を抱えているのか？
・この人（企業）はなにをしたら喜んでくれるか（嫌がるのか）？
・この人（企業）にはどのノウハウを応用するのがいいのか？
・この人（企業）とお付き合いすることで、どんな恩恵（リスク）があるか？

こういったことは現場経験が豊富になると、感覚的にわかるようになります。**「引き出しが増える」**ともいえるでしょう。

ただ、この感覚がまだ不十分であるようなら、とにかくインプットとアウトプットを繰り返すしかありません。

インプットに関しては、

①書籍やYouTubeなどで基礎を学ぶ
②SNSで直接意見を聞いたり、実際の反応を得たりする

この2つを並行して進めるのが効率的です。

特にコミュニケーションの基本となる「話し方」や「文章術」は、自信がない人なら必ず学んでおきましょう。「自分にはセンスがない」と思っても知識や技術で補える部分はかなりあります。

アウトプットに関しては１７０ページに書いたように、無料でもいいので**価値を提供すること**に重きをおきましょう。

途中失敗することもあると思いますが、目的地に辿り着くまでに失敗があるからこそ、ストーリーとして魅力が増します。

ゴールは「自己紹介」ではなく「他己紹介」

価値をしっかり提供できることを示せるようになると、お客さんが別のお客さんを紹介してくれるようになります。

このフェーズになると、新たに自己紹介をしてお客さんを見つけなくても、**「他己紹介（口コミ）」で集客できるようになる**のです。

特に厚利少売の場合、「売って終わり」ではなく、提供後もヒアリングを重ねたり試行錯誤を繰り返したりして、「価値を感じてもらう」ことにコミットするため、長期的な関係（=リピーター）になることが多いです。そして人は、自分が大きく変化したら誰かに伝えたくて、その喜びをシェアしたい生き物です。

つまり厚利少売では、**「リピーターからの他己紹介」でお客さんが増えるようにな**

るわけです。僕自身、既存のクライアントからお客さんを紹介してもらうことは珍しくありません。既存クライアントはすでに僕の価値を知っていますし、僕も相手のことをよく理解しています。

なので、**紹介してもらうお客さんは、ゼロベースで見つけるお客さんよりも、はるかにコミュニケーションコストが低く、すれ違いは起きづらいです。**

また、僕が他己紹介をすることもあります。たとえば、寺田倉庫でのアート作品の保管です。

寺田倉庫はもともと天王洲アイルで倉庫業を営んでいたのですが、中野善壽さんが2011年に代表取締役になってから、アジアの富裕層を対象にした高級品の保存保管事業に方向転換。天王洲アイル自体をアートと文化の街に変えました。

ワインやアートなど保管環境によって価値が変わりやすいものでも安心して預けることができるのが特徴です。

「他己紹介」の力

**高い価値を提供できていれば、「リピーターから他己紹介」で
自然とお客さんは増えていく**

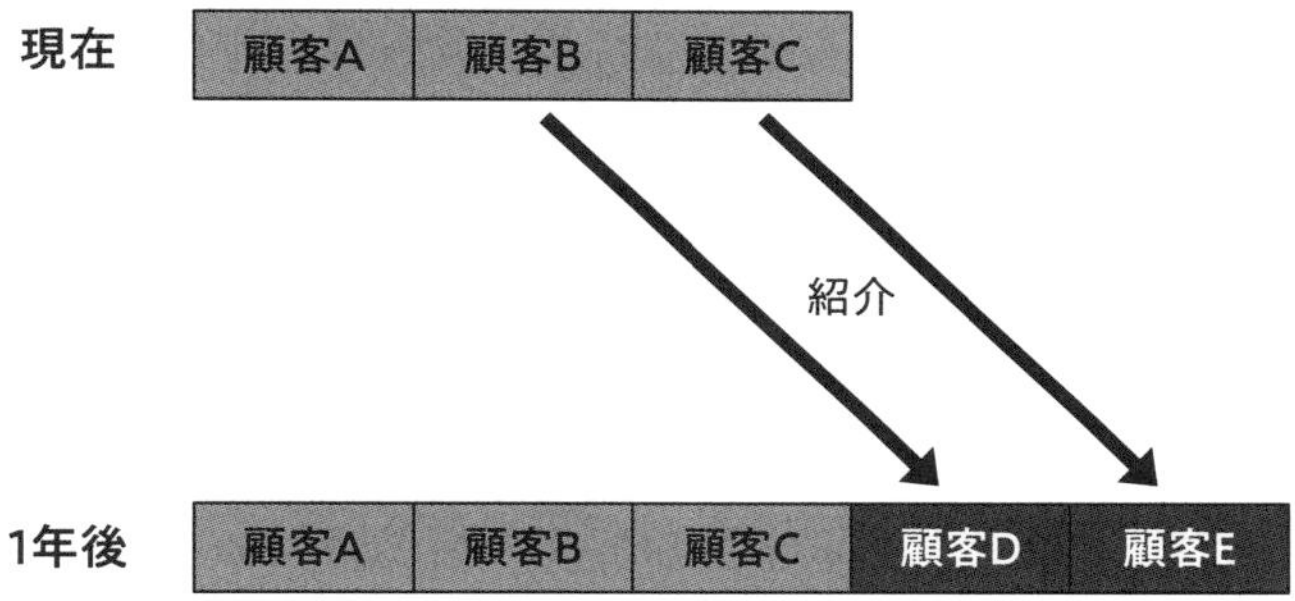

他己紹介からは話が逸れますが、中野さんは著書『ぜんぶ、すてれば』のなかで「政情不安な国が多いアジア圏の富裕層にとって、安全ブランドが確立した日本の、しかも空港から近い場所に預けられる拠点ができるというのは、非常にニーズが高いサービスであるはずです」と書いています。まさに、倉庫の新たな本質価値を見いだした好例といえるでしょう。

第6章

厚利少売を実現する「アクションプラン」

自分をサブキャラ扱いせず、「主人公型・脚本家」になりきる

厚利少売に限らず、ビジネスの相談を受けていると、

「やったことないので」
「上の人がこう言うから」
「周りにはそういう人がいないので」
「家族に反対されるから」

といった理由で、一歩踏み出せない人が本当にたくさんいると感じます。

日本には他者を重んじる協調の文化が深く根づいていて、そのこと自体は素晴らしいと思います。

でも、価値判断を預けている相手が急にいなくなったり、手のひらを返すようにして意見を変えたり、はたまた敵として寝返ったり……なにが起こるのかは予想できません。

自分をサブキャラ扱いしている限り、他者に振り回され続けて終わる人生になってしまいます。

その状況を変えるきっかけになるのが、厚利少売だと僕は思っています。

厚利少売は「超・主人公ビジネス」です。

- **価値を見つけるのも磨くのも自分**
- **提供して相手の変化量を感じてもらうのも自分**
- **感謝されて次のご縁に結びつけるのも自分**

もちろんお客さんありきではありますが、主人公はあなたです。**価値を見つけて生**

み出す主人公がいなければ、お客さんの物語も始まりません。

とはいっても、いきなり「ルフィが海賊王をめざすように、みなさんも突き進みましょう！」と言っても、なかなか自分ごとにしにくいですよね。

そこで実践してほしいのが**「脚本家視点」**です。

脚本家は、登場人物やストーリーラインの作成、リサーチ、クリエイティブチームとのコラボなど、さまざまな業務に携わります。

つまり、

自分が主人公の「厚利少売物語」を、脚本家として描くのなら？

このような視点で考えてみるわけです。

この視点を身につけると、主人公の自分に対して、脚本家でもある自分が厳しく指摘をするようになります。

「主人公なんだから、もっと前面に出なくちゃ」
「ここで相手の期待に応えなかったらストーリーが終わるぞ」
「そろそろ新しい仲間との物語を入れるべきだ」
「この失敗は後からの逆転劇につなげるんだから、頑張れ！」

こんなイメージですね。

これはまさに、けんすう（古川健介）さんの「物語思考（物語の主人公のようにキャリアを考える方法）」とも共通する思考術で、厚利少売でもかなり活用できます。

これまでの薄利多売が染み込んでいる人は、「厚利少売をゼロから始めて目標を達成するまでの自分」のストーリーを描いてみましょう。

成功哲学の第一人者であるナポレオン・ヒルは、こんな言葉を残しています。

――人間は、自分が考えているような人間になる。

一か八かでやる必要はない。小さく始めて、小さく拡大する

ここまでお読みになった人のなかには、「厚利少売は魅力的だけど、異常値になるとか、お客さんを選ぶとか、リスクもありそう」と感じた人も多いと思います。

たしかに厚利少売は独自の市場を築くことなので、リスクはゼロではありません。需要が見つけられなかったり、あっても広げるのが大変だったり、お客さんとの価格交渉が難航したり……自身の力不足なのか、タイミングが悪いのか、そもそも不可能な市場なのか、いろいろな原因でうまくいかないケースが考えられます。

でも、厚利少売をしなくても、リスクは必ず潜んでいます。

たとえば、いまの職場で働き続けることも、転職することも、独立することも、リスクがゼロではないですよね。

勤め先が倒産する、ルールにまったく従わない新入社員が入社して場を乱す、転職先の上司と想像以上に考え方が合わない、独立後に大きな収入源だったクライアントが規模縮小して依頼がこない――**たとえ自分では現状維持のつもりでも周りは変化していくので、リスクをゼロに抑えることはできません。**

そう考えると、厚利少売にチャレンジすることは特段大きなリスクを背負うわけではないといえます。

一方、リスクが気になる人とは対照的に、「厚利少売ってすごい！　自分もいますぐ始めなきゃ！」と思った人もいるはずです。

その心意気は素晴らしいのですが、いきなり大金を突っ込んで設備投資をしたり、固定費になるものにお金を使ったり……うまくいかなかった場合に軌道修正しにくかったり、撤退しにくかったりする状況に自らを追い込むことはおすすめできません。

リスクを過度に恐れるのではなく、かといっていきなり多額のお金をかけるのでもなく、最初は小さく始めるようにしましょう。「スモールスタート」です。

その際には、第2、3章で解説した「本質価値の見極め」「成功からの逆算」をして厚利少売の下地をある程度かためたうえで、第4章の「需要の見極め」と第5章の「発信」をしていきます。

特に本質価値の気づきは、行動を続けるうちに突然舞い降りることもあるので、継続していくことが重要です。

もし「どんな価値を提供するか」がまったく決まっていないのなら、155ページでお伝えしたように「困っている人を助ける」ことで厚利少売のヒントを得られるはずですし、価値を提供できたことによる自信も得られます。

あるいは、**自分がすでにもっている手段（資源）を活用してなにができるかを発**

想・着手するという方法もあります。

これは「エフェクチュエーション」と呼ばれる、経験豊富な起業家を対象にした意思決定実験から発見された思考様式の1つです。

優れた起業家は「不確実な資源を追い求めるのではなく、自分がすでに手にしている手段を活用して、すぐに具体的な行動」を生み出しています。

この「手段」は大きく以下の3つに分かれます。

①「私は誰か（Who I am）」
特性や興味、能力や性格など、その起業家のアイデンティティの構成要素

②「私はなにを知っているか（What I know）」
専門知識・スキルに加えて、趣味や過去に受けた教育から得た知識、あるいは人生経験を通じて獲得した経験則や信念のようなもの

③「私は誰を知っているか（Whom I know）」

頼ることができる人とのつながり、社会的ネットワーク

この3つの手段を洗い出し、自分がすでにもっている強みを軸に、本質価値を考えていくのもいいでしょう。

アクションプランの具体例①
「会社員、副業デザイナー（35歳）」の場合

この本の取材をしているなかで、「もし○○の立場だったら、厚利少売をするためにどうしますか？」という質問をいくつももらいました。ここでは、そのときに答えた具体的なアクションプランの例を紹介します。そのまま当てはまる人は少数だと思いますが、**「自分もここは使えそうだな」**という視点で読むと参考になるはずです。

まずは35歳会社員、副業デザイナーの場合。

僕がこの人の立場だったら、**最初に「自分ができること」を箇条書きにします。**

デザインといっても、Web、グラフィック、UI／UX、CG、インテリア、プロダクト、SNS、書籍などさまざまです。これまで培ったスキルや経験をもとに「これ

はできるな」というものはもちろん、「これも頑張ればできそうだな」と思うものも書き出していきます。

次に、**「クライアントに喜ばれたこと」を箇条書きにします。**

基本的にお客さんはサービスを受け取って当たり前だと思っているので、目に見えて喜んでくれることは多くありません。例外は、厚利少売のケースです。厚利少売だと大半の人は喜んでくれます。

なので、「あのプロジェクト、見積もりが高かったのに喜んでくれたな。またお願いしたいって言われたな」という案件があれば理想的です。そういう場合、**「デザイン以外」の面でも評価してもらっているはずなので、その要因を書き出します。**思いつかなかったら、関係者やクライアントに直接ヒアリングするのもいいでしょう。

最後に、**「単価が高いジャンル」を探します。**

「自分ができる業務が平均でどれくらい稼げるのか」を調べます。ここでもヒアリングできる相手がいるのであれば、直接聞いてみるのもおすすめです。

「自分ができること」「クライアントに喜ばれたこと」「単価の高いジャンル」が重なった部分こそ、まずは攻めるべき領域です。

今回のケースでは、重なった部分が仮に「プロダクトデザイン」だったとしましょう。ただプロダクトデザインだけだと、まだ「異常値」としては強くありません。

そこからもう一歩踏み込み、プロダクトデザインが付加価値になるくらいの本質価値はなんなのかを見極めます。

ここからは仮説と検証の連続です。

たとえば、プロダクトデザインのスキルに加えて、「ＤｔｏＣブランドの立ち上げ経験」があると、より高い収入を得られると思ったとしましょう。それなら、そうしたプロダクトデザイナーが在籍している企業や、ブランディングを事業にしている企業に転職するのも一手です。もしくは、自分でゼロからブランドを立ち上げて、ｎｏｔｅやＳ

NSで発信してみて反応を見るのもいいでしょう。

あるいは、プロダクトデザインのスキルに加えて、「ChatGPTのプロンプトエンジニアリング」があると、より高い収入を得られると思ったら、同じように転職を考えたり、情報を発信したりするのもいいでしょう。「デザイナー」ではなく「エンジニア」としての報酬になるので、単価が大きく上がる可能性もあります。

つまり、**デザインではなくエンジニアリングが本質価値になるということです。**

デザインができる人はたくさんいますが、エンジニアリングもできる人は少数です。「35歳デザイナーが教えるChatGPTプロンプトエンジニアリング」というnoteを発信したら、同業種はもちろん、企業からの反応も良さそうですよね。

そこから発信を続けて読者がつけばコミュニティをつくり、デザイナーを教える側に回るという選択肢もあるでしょう。

いずれも共通するのは、**「自分の仕事では当たり前のことが、他の業界では珍しい」**

〔 攻めるべき領域は? 〕

3つが重なり合った部分を軸に

「別業界」

「トレンド」

「業界の非対称性」

をかけ合わせてしぼり込む

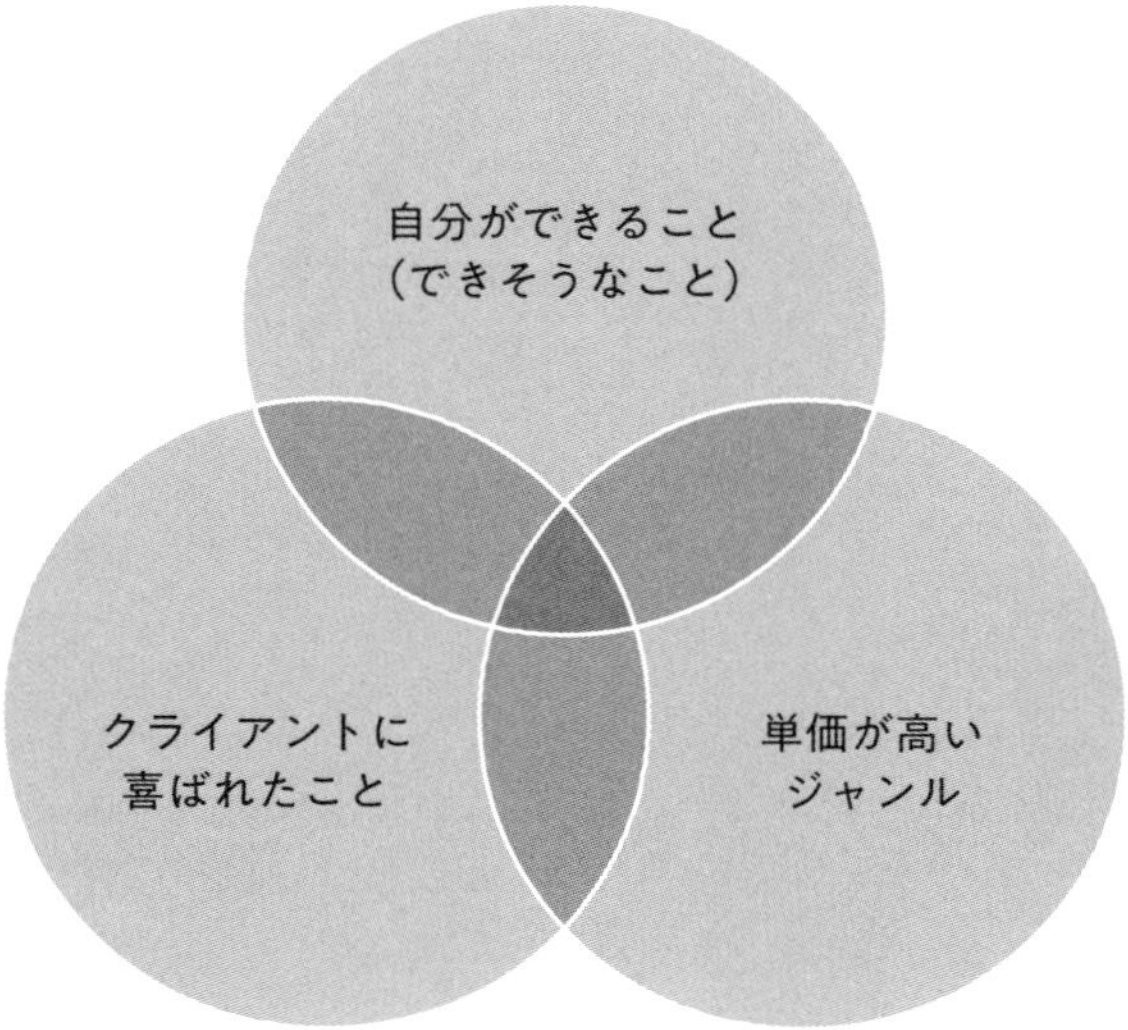

という非対称性を逆手にとることで、努力をせずに本質価値を見つけられる可能性があること。

たとえば、デザイナーの世界では見やすい資料を作成し、クライアントにわかりやすく提案するのが当たり前だったとしましょう。一方、エンジニアの世界ではクライアントにわかりやすく伝える力がある人が少なかったとします。

この場合、デザイナーにとっては「当たり前の伝える技術」だったとしても、エンジニアの世界に行ったら、それが「重宝される能力」に化けるわけです。

これは「伝える技術」ではなく、「プロジェクトマネジメント」や「納期を守ること」かもしれません。

いずれにせよ、本人にとっては「小指を動かす程度」のことが、働く場所を変えることで「100kgのベンチプレスを上げる」ことくらいに評価されることはあるわけです。

このように本質価値を見極めて「異常値」となれば、厚利少売の実現はかなり近づきます。

アクションプランの具体例②
「無職、学歴・職歴なし（20代）」の場合

続いて、20代の無職、学歴・職歴ともになしの場合。

僕も高卒で働き始めたので、リアルにイメージできます。あるのは体力と根拠のない自信くらいで、知識も経験も学もない――。こういう状況で、厚利少売をするにはどうすべきでしょうか。

僕がこの立場だったら、まずは**「厚利少売をしている企業に就職できないか」**を考えます。

厚利少売をしている企業といえば、アップルやキーエンス、ＬＶＭＨ（ルイ・ヴィトンやディオールなど高級ブランドを展開するコングロマリット）などが思いつきます。

業界でいえば、コンサルティングファーム、プライベートバンク、投資銀行、大手総合商社などが挙げられるでしょう。

これらの業界・企業で働くことができれば、厚利少売の思考やノウハウを学べそうですし、高い年収も得られます。中長期的に見て転職するにせよ起業するにせよ、有利に働くことが多いと思います。

ただ、「無職、学歴・職歴なし」となると、若さという武器をもってしても、これらの業界・企業はハードルが高いです。なので、いくつか受けて無理そうだったら方向転換します。

厚利少売といえば、見逃せない業界がありますよね。そう、「インバウンド」です。外国人観光客向けのビジネスであれば、高く売る技術も学べますし、高く買ってくれるお客さんと接することで、富裕層の価値観やふるまいなど多くの経験を短期間で身につけられます。

観光庁が発表した2023年4月～6月期の訪日外国人消費動向調査によると、同期の消費額は、2019年同期と比べて95・1％。インバウンド需要はコロナ前の水準を取り戻しつつあります。

今後しばらくはインバウンド需要が高まることが予測されているので、外国人観光客をターゲットにした販売、サービスは有力候補でしょう。

そしてインバウンドがいいなと思った理由は、あと2つあります。

①失敗に対するハードルが低い

職歴ゼロとなると、仕事でわからないことだらけだと思います。

でもインバウンドビジネスであれば、相手（外国人観光客）とは基本一度きりの関係です。たとえミスをしてしまったとしても、ずっと会い続けるわけではありません。

だから軽率に対応していいというわけではまったくないのですが、少なくとも普通の会社勤めよりも失敗に対する切り替えがしやすいと思います。

②富裕層に接する機会が多い

外国人観光客は、日本の食や文化、歴史、買い物などの体験を求めて来ているので、自分への信頼がなくても接してくれます。

これが平均的な収入の人を相手にしたビジネスだと、富裕層と接する機会を得るのは容易ではありませんし、会うことができたとしてもその数は少数でしょう。一方、インバウンドなら「1日100人の富裕層に接する」ことも不可能ではありません。

*

そして僕なら、勤め先で「さらに高値で売ること」に挑戦してみると思います。

たとえば、これまで1万円で販売していたコース料理があるなら、3万円で売れるよう交渉できないか店長に相談してみます。

実際にお客さんから「高い」と言われたら、値下げをするのではなく「料理の数を増やしたらどうでしょう？」「おすすめの隠れ名店を教えるのでどうでしょう？」などと交渉して高く売る経験を積みます。

「高いと言われても、その理由を解消すれば高く売れる」ということを学べば、ほかの仕事で厚利少売する際にも応用できます。

こうした経験を積めるのも、インバウンドの魅力だと思います。

アクションプランの具体例③
「地方にある伝統メーカーの2代目社長（45歳）」の場合

続いて、地方にある伝統的なメーカーの2代目経営者の場合です。

経営でもっとも難しいのはなにか？　それは「**長く続けること**」です。伝統的な企業を引き継いだ経営者には、大きな責任がのしかかりますが、やはり「いかにして会社を存続させるか」は最優先事項となるでしょう。

東京商工リサーチの調査によると、日本における企業の平均寿命は23・3年。起業後の経過年数と企業生存率の関係は、次ページのような結果が出ています。

日本国内における企業生存率の実態

起業後の経過年数	企業生存率
1～5年後	81.7%
10年後	72% （ベンチャー企業では6.3%）
20～50年後	55% （ベンチャー企業では0.3%）
50～100年以上	0.96%

出典：株式会社東京商工リサーチの調査結果をもとに作成

諸外国と比べると日本の企業は寿命が長い傾向があるのですが、これはなぜでしょうか。

要因の1つは**「世襲制が多いこと」**だと僕は考えています。

たとえばアメリカ企業の場合、経営者が3、4年で変わることが珍しくありません。そうなると経営者は短期的な視座で経営を行うので、どうしても目先の数字を追いかけることになります。

一方で世襲の場合、親は子どもや孫のことを考えて長期的な視点で会社が存続する方法を模索します。スピーディーで劇的な変化よりも、代々受け継いだ関係性や考え方、哲学を大切に守り続ける、言い換えると「保守的な考え」で経営をするわけです。結果として、大きな成長は見込めない代わりに、大きな失敗は避けられる。すなわち、会社が長く続くわけです。

ただ、先代から継がれた30〜40年前の意思決定や、昭和時代の「大量生産・大量販売」を軸にした薄利多売の経営スタイルは、現代では通用しないことがほとんどでしょう。

2代目として先代経営者の意思決定とは真逆の判断をしなければならないかもしれません。

いまの時代に求められるのは、**自社の魅力をしっかり伝え、少数でもいいので高価格で購入してくれる顧客を見つけることです。**

「この商品を2倍〝多く〟売るためにはどうしよう?」「あの商品が売れているから、類似した商品をうちもつくり、少し安くして売ろう」ではなく、「この商品を2倍〝高く〟売るためにはどうしよう?」「他の商品よりも高くても買ってくれる人って、どんな人なんだろう?」「いまのお客さんの半分の数でいいから、繰り返し買ってもらえるものはなんだろう?」と考えて、その人たちに合わせた良いものづくりをする。つまり、本書のテーマである厚利少売をすべきです。

そのなかで、ぼくが伝統メーカーの2代目社長であれば、ぜひチャレンジしたいのが、現在の商品価格の10倍くらい高いプレミアム商品の販売です。それを売ってみてどういう反応があるのか、「他にはなかった」「人生が変わった」と言ってもらえるような商品提供ができるのかを試していくと思います。

ちなみに日本のプレミアム商品は、国内だけでなく外国人にも求めている人が多くいます。その人たちが何を求めていて、なぜ日本に来ているのかを考えるのも大切でしょう。

たとえば、扱っている商品が味噌の場合。海外の人は味噌汁ではなく発酵食品を食べたいのかもしれません。そうだとしたら、味噌汁のレシピを伝えるよりも、他の調味料（たとえば塩）と置き換えた提案をしたほうが喜んでくれるはずです。

そう。**これまでの自分たちの当たり前に合わせるのではなく、相手のライフスタイルや価値観に合わせて提案方法や伝え方を変える**のです。

こうしたことは、購入してくれた人に聞けば、意外と簡単にわかるものです。

その商品を買ったということは、家に持ち帰って使うイメージができているわけです。

なので、「どういうふうに使おうと思っているの？」「なぜ買ってくれたの？」とお客さんに聞いてみる。それによって、新しい商品、ないしは新しい売り方がイメージできる可能性があります。

引き続き味噌の例でいうと、別の調味料と置き換えて買ってもらえているなら、「それなら、こんなにたくさん入っていても賞味期限が切れちゃうだろうから、半分のサイズでもいいのかもな」といった発見があるかもしれません。

大切なのは、**「買ってくれた人に興味をもつこと」**、そして**「お客さんとの会話から自分たちの新しい可能性を見いだす」**こと。

伝統メーカーの2代目社長だと、とくに過去の成功事例やお客さんの声に引っ張られがちです。それを一度頭の片隅に置いておいて、新たな価値提供を考えて経営していく必要があるでしょう。

アクションプランの具体例④

「個人事業主、ダイエットコーチ（40歳）」の場合

最後に、40歳・個人事業主のダイエットコーチの場合です。

会社員の副業、趣味からの起業、勤め先からの独立など、ダイエットコーチになるきっかけは人それぞれです。

いずれにせよ個人のダイエットコーチは、大手企業のように「広告による大量集客＆効率的な指導」で勝負しても勝ち目はありません。自分に合ったお客さんを選ぶ、ないしは少数でいいので「絶対にこのコーチに教えてもらいたい」と選んでもらう必要があります。**「指名買いしてもらう」**ということですね。

では、指名買いしてもらうためにはどうすべきか。

個人コーチの差別化は、トレーニング手法、食事制限、密なコミュニケーションなどさまざまあります。

ですが本当に必要なのは、**お客さんが圧倒的に続けられる・変われるやり方を自ら考えて、それを発信していくこと。**

発信するなかで「相手の変化量」を表現できていれば、少数でもファンは生まれます。その人たちを軸に、さらに実績を蓄積・発信していくのです。

このときに考えたいのが、第2章で解説した「本質価値」です。

ダイエットコーチの場合、「やせる」「着たい服を着られる」「自信がつく」などが本質価値として思いつきますが、まだまだ解像度が低いですし、ユニークさも足りません。特定のニーズに刺さるよう、もっと大胆な提案をしたいところです。

たとえば、こんなキャッチフレーズはどうでしょうか。

「出世できるダイエット」

「出世ってどういうこと？」と思われたかもしれません。

でも、ダイエットをしたことで頭がクリアになり、毎日ポジティブに仕事に向き合うことができるようになり、人間関係も良くなり、結果としてパフォーマンスも上がって出世できた――そういう未来は大いにありえます。**このように「ダイエットの先」、あるいは「ダイエットの途中」の明るい未来をお客さんと共有できれば、やせる以上の価値を見いだしてもらえる**はずです。

そして「出世できるダイエット」を商品にした場合、お客さんは「太った人」だけではなく「身だしなみにこだわるビジネスエリート」もターゲットになるでしょう。

ビジネスエリートを対象にすると、より厚利少売を描きやすくなります。

たとえば目標年収１０００万円なら、月１万円の会費×約80人のお客さんが必要ですが、**月20万円の料金設定なら、たった5人のお客さんでいい**わけです。

ダイエットコーチで月20万円は一般的に高額ですが、「このダイエットで出世すれば、月20万円はペイできますよね」と自信をもって提案できるのなら、受けてくれるビジネスエリートは一定数いるでしょう。

お客さんはたった5人なのですから、トレーニング方法やトレーニング時間、食事のアドバイス（なんなら作ってあげてもいいですね）など、臨機応変に対応できるはずです。

ここで重要なのは、**不特定多数のお客さんに対して「あれもできます、これもできます」ではなく、自分が提供できる1つのサービスを突き詰めて、それを信じて発信し続けること。**

そこから実例が積み重なっていけば、お客さんは高くても選んでくれるようになります。

もちろんその過程では、お客さんに選んでもらえるよう努力しなければなりません。

ビジネスエリートを対象とするなら、ビジネス書や経済ニュースに目を向けたり、ハイブランドのファッション事情・トレンドを学んだりする必要があるでしょう。ただやることは決まっているので、あとは「やるか・やらないか」だけの問題です。

そしてこれはダイエットコーチに限らずですが、**厚利少売ではお客さんに卒業してもらうのではなく、長期的な関係性を築くことが成功のカギです。**

一度関係を築いたら、ずっと付き合ってくれる。「やせたら終わり」ではなく、その状態を維持するために関わり続けてくれる。いわば「パートナー」と言ってくれるような人たちをつくる。これが、自分たちが持続的な厚利少売をするうえで欠かせないことです。

「利益を上げる＝努力する」ではない

アクションプランの４つの事例、いかがでしたか？

ほかにもさまざまな可能性がありますが、思考を広げるイメージトレーニングになったと思います。ぜひご自身の状況に合わせて考えてみてください。

ここで改めてお伝えしたいのが、**努力**についてです。

まずお伝えしておくと、僕は努力が大の苦手です。厚利少売も「働く時間を1日2、3時間にして、年収３０００万円ほしいな」という思いから出発しています。

薄利多売の思考でいくと、「年収５００万円の人が年収１０００万円稼ぐには、いまよりも2倍働かなければならない」と考えがちです。月の労働時間２００時間なら、４

00時間働くというイメージです。

つまり、**対価を時給換算で考えている**わけです。

でも、厚利少売では**「時給そのものを上げる方法」**を考えます。

たとえば、いま月の労働時間200時間で年収500万円なら、100時間で年収1000万円にするということ。給料が2倍になるからといって、働く時間を増やすのではなく、むしろ働く時間を減らす方向で考えるのです。

もちろん、高く売るには相応のスキルや経験は求められるわけですが、努力が比例するわけではありません。

100万円の商品を売るのと、1億円の商品を売るのを比較すると、求められる能力や環境は変わりますが、100倍の労力が必要なわけではないのです。

ですから、厚利少売を最短で実現することを考えるなら、「いまの自分を努力によって成長させる」というより、「高く売れる場所で、必要な能力を身につける」ほうが正しいといえます。

最初から厚利少売を狙う

なお、これからゼロベースで事業を始めるなら、最初から厚利少売にしたほうがいいでしょう。

厚利少売と薄利多売は、まったく別のビジネスモデルです。

薄利多売で成功できたからといって、厚利少売で成功できるとは限りません。

薄利多売のビジネスをしていると、現在の商品を使えない、新規のお客さんを見つけないといけない、これまでのブランドイメージを刷新しなければならない、などのハードルを乗り越えなければなりません。

特に「これまでなんとか経営できていた」という場合、厚利少売に切り替える精神的な障壁はかなり高くなるでしょう。

ただ、それでもなお、厚利少売に切り替えることをおすすめします。それくらい薄利多売には将来性がなく、厚利少売しか生き残る道はないからです。

もし薄利多売から厚利少売に切り替える場合は、第2～4章で解説した「本質価値の見極め」「成功から逆算して価格設定」「需要の見つけ方」を参考に、ゼロベースで情報収集・試行錯誤をしてみてください。

1年後のあなたは別人

「自分には、厚利少売は難しいんじゃないか……」

厚利少売を身につける過程では、こう思う瞬間が多々あると思います。

日本では薄利多売の思考が深く根づいています。親からも、先生からも、上司からも厚利少売の方法を教わったことがある人はごく少数でしょう。

ですからお金を稼ごうと思ったとき、**「時給（単価）は変えられないから、いかにたくさん働くか（売るか）で勝負するしかない」**と考えてしまいます。

そのため、特に厚利少売に挑戦しようとした当初は、野球とサッカーと同じくらいルールが違って感じるはずです。

でも、どんな仕事でもそうですが、1年も経験すれば、最初に「難しい」と思っていたことの多くは当たり前にできるようになり、新しい課題が見つかるものです。

ナチスの強制収容所の生存者であり、フロイト、ユング、アドラーに次ぐ「第4の巨頭」と言われる偉人ヴィクトール・フランクルは、次の名言を残しています。

どんなときも、人生には意味がある。
どんな人のどんな人生であれ、意味がなくなることは決してない。
だから私たちは、人生の闘いだけは決して放棄してはいけない。

「難しい」と思っているのは、あくまで「いまのあなた」です。

まずは1年間、第3章で決めた目標に向かって試行錯誤を続けてみてください。

1年後には、これまで見えなかった世界が目の前に広がるはずです。

大切なのは「軌道修正力」

新しい取り組みを続けていると、「あれ、これ違うな」とたびたび思うはずです。

このとき計画や商品の設計を修正したり見直したりするのは、大きな抵抗を伴います。「あんなに考えたのにうまくいかないのか」と自身の失敗を認めることになるからです。

でも、ものごとが計画どおりに進むことはほぼありません。例外的に修正なしで目的までたどり着けたとしても、それは偶然にすぎません。

大切なのは、最初から完璧な予定を立てることよりも、状況を見ながら都度変更していく「軌道修正力」です。

自分の強みも、本質価値も、ターゲットも、あるいは目標となる利益でさえも、いざ行動してみたら違うことに気づくかもしれません。新たな時代の流れに適応することで、これまでになかった価値を提供できるようになる可能性もあります。

軌道修正力は、「マインド」や「姿勢」の問題です。

既存の考えや固定観念にとらわれず、お客さんの意見に耳を傾け、真摯に受け止める。マーケティングや営業のスキルや経験よりも、こうした人間同士の信頼関係を築けることが、厚利少売を実現するのにも必要です。

第7章

厚利少売を実現したあとの「持続的な成長」

哲学は変えず、変化に適応する

めざしていた単価で買ってくれるお客さんが見つかったときは、とてもうれしいものです。「今日はパーティーだ！」なんて喜びたくなりますし、同時に「このお客さんを大事にしよう」「もっと価値を感じてもらえるように全力を尽くそう」と身が引き締まる思いがするはずです。

でも、そのお客さんがリピートしてくれたり他己紹介してくれたりして、徐々に顧客数が増えていくと、思考が変わっていきがちです。

「もっとラクして稼ぐ方法を考えよう」
「これを誰かに任せつつ、自分は新たな事業の種を見つけよう」

などと、ビジネスを拡大ないしは自動化させる方向に考えてしまうのです。

ですが、この変化の時代において、

過去の成功に固執したまま、提供価値を見直さず、
新たな需要を喚起せず、供給量を増やしたら、
あっという間に「異常値」ではなくなり、
お客さんは別の方向を向いてしまいます。

規模拡大や省力化を否定するつもりはありませんが、経営者はこの点を軽んじて、外注や部下に丸投げしないよう注意してください。

変化し続けるのは、コストも、時間も、勇気もかかります。
それを繰り返しできる人（企業）こそ、厚利少売を継続できます。

なぜ古い企業が衰退していくのか？

「淘汰される企業」と「生き残る企業」の差は、どこで生まれるのでしょうか。
それは、次ページの図を理解しているかどうかだといえます。

まず左下の「テクノロジー」が進化し、「メディア」が生まれます。たとえば、データベースやセキュリティ、アルゴリズムなどの技術が発展した結果、Ｉｎｓｔａｇｒａｍというメディア（プラットフォーム）が生まれました。

メディアが生まれると、「ユーザー」も生まれ、同時に新しい「ニーズ」も生まれます。Ｉｎｓｔａｇｒａｍなら、それまでは食事の中心だった「おいしさ」に加え、「いかに見た目がおしゃれで写真映えするか」という新たなニーズを喚起しました。

〔 企業が盛衰するサイクル 〕

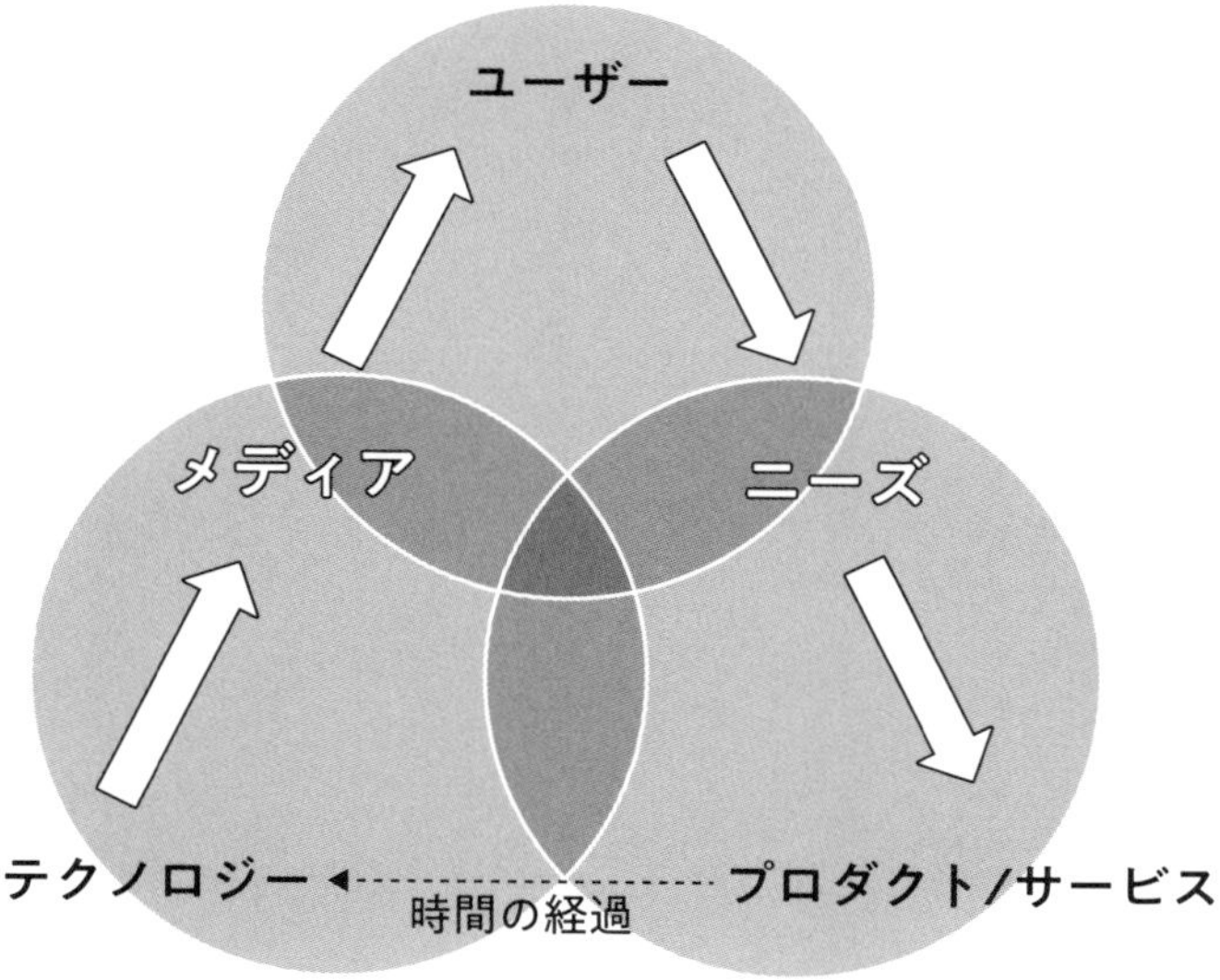

ニーズが生まれたら、プロダクトやサービスもつくり替える、もしくは新たなものをつくらなければなりません。ここが遅れる、または行動に移せないと、企業はどんどん衰退していきます。

そして、また時代が経つとテクノロジーが生まれる……というサイクルをしていくのです。

さて、ここで大切なことはなんでしょうか。

それは、**「ニーズに気づいてから、プロダクトやサービスを変えるのでは遅い」**ということ。

「インスタ映え」という言葉が流行ってから、そこに合わせて実装したり新商品をつくったりするのは遅いのです。

よく「ニーズに合わせて商品開発する」と言いますが、それはしかるべきマーケターが不在の企業であり、**優秀なマーケターがいれば、ニーズが生まれる前にニーズの誕**

生を予測し、その段階から商品開発を進めます。

先の図を見ていただければわかるように、「テクノロジー」から時代はつくられるので、

- **いま世界でどんなテクノロジーが注目されているのか？**
- **今後どんなテクノロジーが世界を変えるといわれているか？**

という視点で情報収集するだけでも、次のメディアやニーズを予測することができます。「テクノロジーはまったくわからない」という人でも（本当はダメなのですが）、新しく出たメディアに注目するだけでも、未来を先読みすることができます。

この習慣を身につけると、他者よりも先んじて「新しい価値」を発見し、提供できる可能性が格段に高まります。

小さい夢をもつな。自分の可能性を信じよう

日本企業の経営層を見ていると、「つまらないな」と思うことが多いです。

たとえば、取締役会で中期経営計画（3～5年後のあるべき姿を具体的な数値目標に落とし込んだもの）を発表するときも、「これまではこれくらい成長してきたので、来年はこれくらい、再来年はこれくらいです」と積み上げ式で目標を掲げます。想像を超えた、野心を感じさせる目標が出てくることはほぼありません。

しかも「本当にそんな目標でいいんですか？」と問いただすと、「その目標値は現場が上げてきたものであり……」などと困ったように答えます。

これはベンチャーやスタートアップの経営層と話していても、よく見られる光景です。もはや「イグジット（上場して株式を売却し、資金を得ること）ブーム」といえるほど、小さな目標を掲げる企業が増えているように感じます。売却した価格でマウントをとり合い、得たお金で豪遊する。僕はそういう人たちと直接関わることはありませんが、SNSなどではたくさん見かけます。

これらの企業に共通するのは、**野望（アスピレーション）がないこと**です。パーパスやビジョンなどきれいな言葉を使っているけれど、心に届かない。目標を聞いてもワクワクしない。過去に引きずられ、あきらめ感が漂っている――。

「この会社に投資したら、これまでの常識を変えてくれるはずだ。自分もその世界を見てみたい！」と思えないのです。心が動かされないのです。

「時価総額1兆円企業にします」とか「世界シェアナンバー1を獲ります」とか、一般に無理といわれるようなことでも、「自分たちならできる」という覚悟と自信を表明してこそ、より多くの人を巻き込めます。

過去の実績を引きずっている限り、大きな成長は見込めません。

「自分たちが社会にとって役に立つんだ」「まだまだ成長余地があるから、もっと頑張れる」という姿勢を崩したら、あっという間にゾンビのように生き残るだけの企業になり、野望をもった企業に追い抜かれていきます。

これは個人においても同様です。

「やったことがないから」「これまでの単価はこれくらいだから」と思う気持ちは心のなかに押し込んでください。その自信のなさは相手に伝わります。

61ページでお伝えしたように、**背伸びしてもいいんです。**うまくいかなくても粘り強く価値を提供し、その変化を伝える。それでもやっぱり価値を感じてもらえなかったら、素直に謝ればいいのです。

これからの日本では、人口も消費するパワーも減っていき、横ばいに近い成長しか期待できません。

じゃあそのなかで、どうやって大きく成長するか？

その方法こそ、「厚利少売」です。

たとえば、「いまの利益を2倍にしたい」ときに薄利多売で実現するのはほぼ不可能です。できたとしても、超リスク体質になっているはずです。

本書で紹介してきた「厚利少売」を身につけて、大きな野望をもつ企業や個人が増えてほしい——。僕はそう願っています。

そこに「笑顔」はあるか？

本書では、さまざまな角度から「厚利少売」を紹介してきました。最後にお伝えしたいのが、「笑顔」の重要性です。

僕は厚利少売をかれこれ20年ほど続けているのですが、**自分もお客さんも笑顔でいられる**ことが、厚利少売を続ける大きなポイントだと思っています。

お客さんに価値を感じてもらうには、ときに厳しいことを伝えなければなりません。間違った方向に進んでいる、非効率な手段に固執している、自分の考えが正解だと思い込んでいる——そんなとき、たとえ相手が傷つくとわかっていても、大きな損失になる前にはっきり言うことが求められます。

そこで大切になるのが笑顔です。

といっても、「厳しいことを笑顔で伝える」のではなく、常に笑顔で意見交換ができる関係でいること、「もっと笑顔になってもらえるように」と思いながら接することが大切ということです。

目標を達成してもらうのは最低限。
その先の「笑ってもらう」までできて初めて厚利少売の実現である。

僕はそう考えています。

ときには厳しいことも言い合い、背中を向けたくなるときもあるけれど、それでもやっぱり笑顔で接することができる信頼関係。そんな相手も自分も幸せになれる関係をめざさないと、単なるお金の関係では厚利少売は長続きしません。

自分と相手の幸せを願いながら行動を続ける

もし厚利少売が実現できるようになっても、「目の前のお客さんを大事にすること」を絶対に、1秒たりとも忘れてはいけません。

「なにをしたら喜んでくれるか？」を考え続け、同時にお客さんの声に耳を傾けて、そのとおりに行動してみてください。それが徹底できれば、細かい技術の話はどうでもいいのです。

いまのお客さんを大事にできると、結果も出て仕事がもっと楽しくなります。

そうすれば、自然と「あなたにお願いしたい」という指名が入ります。

そのとき「なぜ自分を選んだのか？」を聞いてみてください。技術以外に指名のポイントがあるはずです。それが本質価値となり、発信の新たなヒントになっていきます。

この本に書いたことは、いずれもシンプルで、誰でもできる方法です。

ただし、行動に移せるかどうかはあなた次第。

もし本書に書かれていることを実践すれば、必ず笑顔で厚利少売ができるようになるはずです。

まずは自分を信じて一歩踏み出してみてください。

その一歩が、厚利少売という物語のスタートでもあるのですから。

おわりに

福沢諭吉の『学問のすすめ』をめざそう。

この本の制作がスタートしたときに僕が制作メンバーに言った一言です。

『学問のすすめ』が出版されたのは1872年のこと。

この時代の日本は明治維新の直後であり、国は大きな変革期にありました。政府は政治の中央集権化を進め、地方の藩制を廃止し、新たに都道府県制を導入。また、西洋の科学技術、政治思想、文化を積極的に導入し、日本の近代化が推進されました。

そんな時代に書かれた『学問のすすめ』は、「天は人の上に人を造らず人の下に人を造らず」という有名な一説から始まります。簡単にいうと、「すべての人間は平等である。生まれや身分、社会的地位によって人間の価値が異なるのではなく、すべての人間は等しく尊重されるべき存在である」という意味です。

この考えのもと、同書では**「実学」**の重要性が説かれています。ここでいう実学とは、いろは47文字（ひらがな）、手紙の書き方、帳簿計算の仕方、そろばんの稽古、てんびんの取り扱い方です。『学問のすすめ』は、個人の自立と教育の重要性を強調し、近代日本の発展に大きな影響を与えました。これは３４０万部の発行部数を誇るベストセラーになったことからもわかるでしょう。

僕が今回この本を書こうと思ったのは、**まさにいまの時代に必要な「実学」こそ、「厚利少売」だと考えているからです。**

福沢諭吉が『学問のすすめ』を書いた時代と同様に、いまは大きな変革期を迎えています。既存のルールは当てにならず、長いものに巻かれていれば食べていける時代は過去のものになりつつあります。「前はこうだった」「他社はこれで成功した」という考え方はもはや通用しません。

そして『学問のすすめ』の時代とは異なり、いまはモノがあふれかえっています。

たとえば、恵方巻き。毎年大量に廃棄されている恵方巻きを見ると、製造している会社や販売している会社はなにを考えているんだろうと悲しくなります。ホワイトカラーの現場を見ても、「仕事をつくるために仕事をする」といった業務ばかり増え、なんのために働いているのかわからない状態になっています。

『学問のすすめ』が出版されてから、150年が経ちました。**もう僕たちは、不要なものをつくるのをやめて、本当に必要とされるものを、必要なだけつくるフェーズに来ているのではないでしょうか。**

モノがあふれるなかで、すでに存在するものと同じような商品・サービスをつくる必要はありません。たとえ少なくても、本当に必要としてくれている人たちに価値を届ける。そんなビジネスをすべきではないでしょうか。

本書をお読みのみなさんは、「厚利少売」を身につけ、自身やお客さんの人生を豊かにしていただくだけでなく、社会がより持続可能で豊かになることにも還元いただければと思います。

この本をつくるにあたって多くの人の力をお借りしました。全員の名前は挙げられませんが、特に運営メンバーの匠書房の川原卓巳さん、福田基広さん、ブランクエストの佐藤早菜さん、エニーソウルの庄子錬さんには、本づくりを大きく導いてもらいました。そしてその運営を支えてくださった出版コミュニティメンバーにも感謝申し上げます。そしてこの商売の基礎を教えてくれた僕の母親に感謝を送ります。あなたのおかげでこの本が出せました。

『学問のすすめ』が日本の近代化に大きく貢献したように、この本が現代のみなさんの「実学」となり、新たな価値創造の時代を築く一助となればうれしいです。

２０２４年10月　菅原健一

参考書籍　厚利少売をめざす人は、ご一読をおすすめします！

・『競争しない競争戦略 改訂版――環境激変下で生き残る3つの選択』、山田英夫、日本経済新聞出版
・『売上最小化、利益最大化の法則――利益率29％経営の秘密』、木下勝寿、ダイヤモンド社
・『走ることについて語るときに僕の語ること』、村上春樹、文藝春秋
・『ザ・ブランド・マーケティング――「なぜみんなあのブランドが好きなのか」をロジカルする』、スコット・ベドベリ、スティーヴン・フェニケル、実業之日本社
・『時計の科学――人と時間の5000年の歴史』、織田一朗、講談社
・『ニュータイプの時代――新時代を生き抜く24の思考・行動様式』、山口周、ダイヤモンド社
・『「価値」こそがすべて！――ハーバード・ビジネス・スクール教授の戦略講義』、フェリックス・オーバーホルツァー・ジー、東洋経済新報社
・『Think clearly――最新の学術研究から導いた、よりよい人生を送るための思考法』、ロルフ・ドベリ、サンマーク出版
・『小さく分けて考える――「悩む時間」と「無駄な頑張り」を80％減らす分解思考』、菅原健一、SBクリエイティブ
・『USJを劇的に変えた、たった1つの考え方――成功を引き寄せるマーケティング入門』、森岡毅、KADOKAWA

・『「価格上昇」時代のマーケティング――なぜ、あの会社は値上げをしても売れ続けるのか』、小阪裕司、ＰＨＰ研究所
・『日本のシン富裕層――なぜ彼らは一代で巨万の富を築けたのか』、大森健史、朝日新聞出版
・『売上を、減らそう。――たどりついたのは業績至上主義からの解放』、中村朱美、ライツ社
・『解像度を上げる――曖昧な思考を明晰にする「深さ・広さ・構造・時間」の4視点と行動法』、馬田隆明、英治出版
・『ロングセラーを呼ぶマーケティング』、ハリー・A・ヒル、幻冬舎
・『付加価値のつくりかた――一番大切なのに誰も教えてくれなかった仕事の本質』、田尻望、かんき出版
・『パン屋ではおにぎりを売れ――想像以上の答えが見つかる思考法』、柿内尚文、かんき出版
・『夢と金』、西野亮廣、幻冬舎
・『ぜんぶ、すてれば』、中野善壽、ディスカヴァー・トゥエンティワン
・『物語思考――「やりたいこと」が見つからなくて悩む人のキャリア設計術』、けんすう（古川健介）、幻冬舎
・『エフェクチュエーション――優れた起業家が実践する「5つの原則」』、吉田満梨、中村龍太、ダイヤモンド社
・『現代語訳　学問のすすめ』、福澤諭吉、筑摩書房

「難しい問題を解く」専門家
菅原健一の本

『小さく分けて考える
「悩む時間」と「無駄な頑張り」を80%減らす分解思考』

「売上を上げたい」「なんとかしたい」……
漠然とした考え・目標を達成するために、30代で会社を十数億で売却し、
その後100億の売上を達成した脅威の思考法。
大きな問題でも「分解」すれば、誰でも結果が出せる！

SBクリエイティブ（2022/12/8）
発売：2022年12月8日
本体：1,500円

著者紹介

菅原健一　Kenichi Sugawara

経営アドバイザー、株式会社Moonshot代表取締役CEO。企業の10倍成長のためのアドバイザーであり、社会や企業内に存在する「難しい問題を解く」専門家。年間でクライアント10社、エンジェル投資先20社の計30社のプロジェクトを並行して進める。過去に取締役CMOで参画した企業をKDDI子会社へ売却し、そのまま経営を継続し売上を数百億規模へ成長させる。その後スタートアップのスマートニュース社でブランド広告責任者とBtoBマーケティング責任者を経て現職。著書に『小さく分けて考える 「悩む時間」と「無駄な頑張り」を80%減らす分解思考』など。

厚利少売　薄利多売から抜け出す思考・行動様式

2024年10月10日　第1刷発行
2024年10月12日　第2刷発行

著　者　菅原健一

発行者　福田基広

発行所　匠書房
〒819-1601
福岡県糸島市二丈深江8-3-10-D
https://takumi.inc
(電話)092-332-2362

印刷・製本　ベクトル印刷株式会社
ブックデザイン　鈴木沙季、真部和香子、大澤海斗(SOO DESIGN)
編集　佐藤早菜(ブランクエスト)、庄子錬(エニーソウル)

ISBN　978-4-910716-03-9　C0034